LUMIÈRES
DE
L'AU-DELÀ

Du même auteur

Isabelle, une lumière dans la nuit, Édit. Alexis Val Arno.

ANNE-MARIE LIONNET

LUMIÈRES DE L'AU-DELÀ

Messages d'Isabelle

Préface de Paco Rabanne

ÉDITIONS DU ROCHER
Jean-Paul Bertrand
Éditeur

ISBN 2.268013.08.1

Préface

Merci, chère Anne-Marie Lionnet d'avoir écrit ce livre, de ce courage pour le faire publier, de faire connaître les messages merveilleux d'Isabelle. Messages si clairs, si lumineux. J'ai vibré de joie, de lumière et d'amour, à chaque ligne. Quel bonheur de les lire. Quel réconfort, en ce bas-monde si gris, si terne, comme elle le dit si bien.

Comme elle a raison ! Prier et toujours prier, trouver la lumière dans le cœur. C'est la voie d'amour. La seule.

Paco RABANNE.

Introduction

La seule réponse du cœur humain à la mort, c'est l'amour.

G. CESBRON.

« Alors, ce deuxième livre ? »
« À quand la suite des messages ? »

Depuis plus d'un an, ces questions fusent de toutes parts. Mais ce livre n'était pas prévu. Rien n'était prévu !

Après la parution de mon livre : *Isabelle, une lumière dans la nuit*, tout s'est accéléré, toute ma vie a été bousculée, bouleversée.

Je pense devoir faire le point pour le lecteur qui ouvre cet ouvrage et découvre le monde de « l'Au-delà ».

Après le « départ » de ma fille unique de 16 ans, Isabelle, le 9 janvier 1983, suite à une leucémie de trois ans, après la révolte, le désespoir, l'incommensurable douleur, le vide, le néant, la quête éperdue, les lectures effrénées sur une vie après la mort, les rencontres... un soir, j'ai « capté » des messages de ma fille. Messages reçus par écriture « intuitive » ou « dictée mentale ». (Je ressens une impulsion, je prends une feuille et ma main écrit. L'écriture est pratiquement celle d'Isabelle, la feuille est remplie d'un jet, sans aucun arrêt... C'est APRÈS, en lisant, que me frappent le style, le contenu et... les fautes d'orthographe !)

Rationnelle et cartésienne, j'ai d'abord douté de ma raison, accusant mon subconscient de me jouer des tours... et puis... le style des messages, leur essence même et les preuves données m'ont fait accepter et ont levé tous les doutes en moi.

J'ai donc écrit ce premier livre, uniquement dans le but d'aider ceux qui vivent la même épreuve, d'essayer de les éclairer d'une lumière dans leur nuit.

Je ne m'attendais pas aux nombreuses retombées de ce livre. Je ne m'attendais à rien... Je jetais une bouteille à la mer, et j'ai été emportée par une vague énorme... Le livre a circulé dans tous les coins de France, et même à l'étranger.

Le « bouche à oreille » a fonctionné merveilleusement. Je reçois à ce jour un courrier abondant. Des conférences ont été organisées et, surtout, les jeunes ont adhéré avec un enthousiasme qui m'a bouleversée. (Des élèves de terminale d'un lycée ont demandé à me rencontrer pour « en » parler.)

Et les messages ont continué après la sortie du livre... Plus de messages personnels – ou très peu – mais des messages pour les autres. Réponses à des questions, mais aussi conseils de conduite de vie pour bien préparer la « vraie vie ».

Grâce à cet ouvrage, j'ai fait beaucoup de rencontres... C'est ainsi que je me suis liée d'amitié avec Jean-Paul Sermonte. Poète, auteur de nombreux livres, de biographies et de merveilleux contes pour enfants, il venait de « perdre » sa jeune compagne, Pascale, et se trouvait en plein déchirement.

Très vite, de nombreux messages sont arrivés pour lui : à eux seuls, ils pourraient constituer un livre ! Messages pour le rassurer, pour le convaincre, messages d'amour de Pascale, pour le préparer à la réalisation de son livre bouleversant : *La Fiancée des Cieux*. Avec son accord, nombre de ces messages constitue la deuxième partie de ce livre, car s'ils lui sont personnels, ils recèlent un enseignement qui peut toucher et aider ceux qui sont en recherche spirituelle.

Ces nouveaux messages sont, sans aucun doute, plus élaborés, plus mûrs, plus fouillés, mais je pense qu'ils correspondent à l'évolution d'Isabelle dans « l'Au-delà », et au fait que je suis devenue, actuellement, un « canal » totalement disponible... Je m'efface donc, et vous laisse découvrir les messages d'Isabelle en souhaitant, une fois encore, qu'ils soient source d'espoir et de sérénité...

Et, comme le dit si souvent Isabelle :

« HAUT LES CŒURS ».

PREMIÈRE PARTIE

QUESTIONS À ISABELLE

AVERTISSEMENT

Les lettres qui suivent ont été adressées à Anne-Marie Lionnet par sa fille, Isabelle, en réponse à des questions posées le plus souvent par des jeunes après la parution du premier livre de l'auteur, *Isabelle, une lumière dans la nuit*.

Le 6 janvier 1990.

Salut Isabelle, me revoici pour quelques questions supplémentaires.

Que sais-tu sur la religion bouddhique ? Que penses-tu de cette religion ?

C'est une religion, sans doute moins déformée que d'autres. Mais il faut être prudent. Un Occidental ne *peut* pas la vivre de la même façon qu'un Oriental. De par sa culture, de par son essence même. Il peut l'adopter mais tout n'est pas à retenir (par exemple leur optique de la réincarnation...). Tu sais, Bouddha, le Christ et d'autres sont de grands initiés, qui sont venus faire bouger, en leur temps. Leur Dieu est le même, bien qu'ils le nomment différemment. C'est un Dieu d'amour. De toute façon un incroyant aura peut-être une « meilleure place » qu'un « religieux » qui vit une mauvaise vie.

Pourrais-tu m'expliquer ou me donner des indices qui pourraient expliquer mon attirance pour cette pratique ?

Parce qu'elle répond à quelque chose de profond en toi (peut-être à une vie antérieure ?). Si tu gardes du recul, si tu peux faire le point exact, c'est une bonne pratique.

Mais, je le répète, il faut garder ton libre-arbitre et ne pas tout prendre au pied de la lettre. Car il n'y a pas *que* des bonnes choses (comme toute religion). Il faut en prendre l'essentiel et rester très vigilant.

La plupart des curés et des prêtres me font plus penser à des vendeurs ambulants qu'à des émissaires de Dieu. Peut-on vraiment leur faire confiance ?

Non, pas à tous ! Comme te l'a dit maman, l'Église catholique n'est pas la seule ! Elle ne détient pas la Vérité. Elle a été trop déformée par les hommes. Il y a des gens bien, des moins bien et des « moches » (comme partout !). Il faut essayer de dépasser tout cela dans quelque religion que ce soit, le fanatisme est toujours à bannir !

Tu dis, dans un de tes messages, que l'on conserve sa personnalité après le passage. Pourrais-tu être plus précise ?

Tu restes comme tu es au moment du passage. Tu gardes ton apparence physique intacte, ton caractère, tes qualités, tes défauts... tu restes *toi*, et c'est très important... mais plus de handicaps physiques ou moraux, une totale liberté fantastique.

Tu parles souvent de la prière de saint Augustin, est-elle si importante que ça ? Renferme-t-elle des vertus particulières pour « vous » ?

Elle est importante dans la mesure où elle peut beaucoup aider les gens qui restent dans la peine et dans la tristesse, pour leur faire comprendre qu'il ne faut pas être triste. Si tu la veux, maman l'a en entier et elle n'est pas « trop catholique » ! en plus, elle est très vraie ! Si les gens le savaient, ils ne se lamenteraient plus. (*Panne de stylo !!*)

Les vies antérieures que l'on a pu avoir influencent-elles celle que l'on a actuellement ?

Bien sûr, mais comme on les oublie ! Les enfants très jeunes s'en souviennent mais on ne les croit pas. On s'en souvient aussi au moment du passage et on comprend tout !

Tu es, actuellement, *ce* pour quoi tu es revenu. Tu es dans une évolution où tu ne pourras pas régresser, mais évoluer encore si tu le veux. Ainsi, tu en auras moins à « baver » !

Pourrais-tu me donner des conseils pour mieux aborder la vie qui m'attend ?

Je vais te paraître un vieux « machin », mais mon expérience est telle que je peux te dire qu'il vaut mieux avoir une vie droite, des pensées droites, s'ouvrir, comme tu le fais, à la vie de l'Au-delà (sans sombrer dans le spiritisme), être positif et puis... tu verras, je t'aiderai... je suis toujours ta copine, même si, des fois, je râlais ! Je ne suis pas Super-Jaimie, mais je ferai le maxi !

Voilà pour le moment. Merci de m'accorder un peu de ton temps que je sais bien rempli, et à très bientôt j'espère.

FRÉDÉRIC.

Salut Freddie et bon courage... Je suis toujours disponible, tu es mon premier « client » de l'année !

ISABELLE.

Le 16 janvier 1990.

Vous permettez que je vous appelle C. et J. ? Vous êtes des amis de papa et de maman et vous avez été sur leur chemin, au bon moment. Vous leur avez fait connaître le Thil, étape importante dans leur épreuve et vous les avez soutenus de votre sympathie.

Je vous ai entendus, et je vous demande pardon si je vous ai peinés. À vous, je peux le dire, en particulier, mais dans des messages « généraux » je parle du suicide peut-être brutalement, mais c'est pour essayer de faire comprendre, aux jeunes surtout, que ce n'est pas une bonne chose.

Pour Catherine, et pour beaucoup d'autres, c'est différent. Les suicides ont des causes diverses, et quelles qu'elles soient, elles sont jugées avec beaucoup, beaucoup d'amour. Votre fille est une belle âme, très évoluée. Elle est pleinement heureuse et veille beaucoup sur vous et sur sa sœur.

Il y a chez ceux qui se suicident tellement de formes et de motifs ! Là aussi, il y a une hiérarchie dans l'amour. Certains refusent d'évoluer et seront donc obligés de revenir sur terre, finir ce qu'ils ont interrompu. D'autres reviendront, de leur plein gré, pour une mission particulière (par exemple, Georges Morrannier, car il l'a choisi !). D'autres préfèrent évoluer de l'autre côté... ce sont eux les seuls juges, car il n'y a pas de loi, d'interdit, d'obligation. On choisit en toute liberté... liberté d'amour.

Vous n'y étiez pour rien pour Catherine. Elle aussi, était très éprise d'absolu (elle l'a trouvé). C'était son épreuve et la vôtre. Mais, je le répète, elle est lumineuse et très belle. Elle ne vous a pas quittés. Elle reste très proche de vous tout en étant très évoluée.

Ce qui est fantastique, c'est ce choix que nous avons ! Choix de se perfectionner dans l'Au-delà, choix de re-venir dans votre monde, choix de stagner, choix de refuser cet amour. Mais rares sont ceux qui résistent à cet appel, à cette lumière, à cette tendresse qui nous guide.

On est loin des images horrifiantes de l'Église qui voulait faire peur ! Ici c'est la mansuétude, le pardon.

Voilà, je voulais mettre un peu les choses au point et surtout je ne voulais pas vous blesser dans ce que vous avez de plus cher.

Les réactions des jeunes sont très enthousiastes à la lecture du livre de maman, mais, justement, il faut être très prudent, même dans cet enthousiasme.

Je me permets de vous embrasser de la part de Catherine et de la mienne. Vous avez de bons anges gardiens ou guides spirituels. N'hésitez pas à les solliciter.

Bonne route aussi à Dominique et à sa famille.

ISABELLE.

C'est reparti ! maman a à peine le temps de souffler, mais c'est bien ainsi !

Vous êtes mon deuxième « client » – je n'ose pas dire « patient » [1] de l'année 1990.

Le 2 février 1990.

Salut Isabelle, avec des amis, nous t'avons préparé quelques questions. Les voici :

Existe-t-il une hiérarchie à votre niveau ?

Une hiérarchie ? Pas vraiment. Je dirais plutôt des plans et des sphères. Suivant notre évolution on peut rester au bas de l'échelle, mais on peut « grimper » si on le désire et si on se laisse porter par cette force qui nous attire.

Dans chaque plan, il y a différents niveaux. Nous pouvons évoluer pour accéder à un niveau supérieur et ensuite changer de sphère. C'est difficile à expliquer, mais c'est toujours l'amour qui nous guide.

L'individualité est-elle conservée de façon permanente ou ne formez-vous plus qu'un ?

Bien sûr qu'on garde son individualité et heureusement. Je suis toujours l'Isabelle que tu as connue, avec mes cheveux longs, j'insiste ! Nous ne sommes pas un amalgame de plusieurs personnes, mais nous gardons nos traits physiques et moraux, nos qualités et nos défauts (que nous cherchons à éliminer). Je serai toujours ainsi dans l'Au-delà parce que je suis partie jeune et intacte physiquement. D'autres rajeunissent et perdent leurs handicaps, mais ils restent ce qu'ils étaient dans votre monde. Je suis et je reste Isabelle !

1. C. est médecin.

Tu m'as dit que l'aspect physique est conservé après la mort, mais que devient-il lors d'une réincarnation éventuelle ?

Si on décide ou si on est obligé de se réincarner, on choisit en fonction de beaucoup de critères, sa prochaine incarnation. Quand le moment est venu, il y a une période un peu inconsciente (comme après notre départ de votre monde) et vers le milieu de la grossesse on se retrouve dans sa nouvelle peau, son nouvel aspect, ses nouveaux parents et c'est reparti pour une nouvelle vie...

Mais on peut rester très longtemps sans se réincarner et on ne revient pas forcément !

Avez-vous un but précis ?

Des tas de buts. Pour moi, en dehors de tout ce qui me passionnait « sur terre » et que je perfectionne, j'ai une mission particulière auprès des jeunes (la preuve !) et aussi auprès des jeunes qui arrivent de l'autre côté ! Personne ne chôme mais personne n'a de couteau sur la gorge. Chacun a un but, mais il le fait s'il le désire et s'il se laisse entraîner par l'amour merveilleux qui nous y incite...

Quelle est la finalité de toutes évolutions ?

La finalité est de se retrouver dans la félicité, dans le bonheur total, dans la joie, dans la merveille qu'est l'Au-delà, de vivre dans la béatitude, dans la lumière, dans l'épanouissement... et de faire un, tout en gardant sa personnalité, avec cette lumière, cet amour que je ne peux décrire ! Mais pour cela, il faut accepter d'évoluer... Certains s'y refusent et reviennent sur terre pour une autre évolution. Comment te dire ? c'est le nirvâna, le « paradis », l'éclatement, le summum.

D'autres formes de vies existent-elles ?

Bien sûr, il y a des tas de formes de vie, des tas de systèmes planétaires. Sur terre, on est des « minus » par rapport à certains autres mondes. J'ai fait des voyages fabuleux que la science-fiction est loin de reproduire. Toi qui aimes tous ces films, ce n'est rien à côté de la réalité... Des tas d'autres mondes existent, avec une intelligence x fois supérieure à la vôtre. Peut-être, un jour, y aura-t-il de vraies rencontres !

À quel niveau se trouve l'animal par rapport à l'homme ?

L'animal n'est pas sur le même plan, mais il est beaucoup plus doué que l'homme (surtout les chats et les chiens). Ils restent aussi avec leur forme dans l'Au-delà. Mais on peut les rencontrer... Je ne dis pas qu'ils sont à un niveau inférieur, mais sur un plan à eux. (Un vrai zoo !)

Correspond-il à une « hiérarchie » ou à un niveau de « connaissance » particulier ?

Pas à une hiérarchie, il n'y a pas de hiérarchie, mais ils ont un niveau de connaissance plus intuitif que l'homme. Plus de sensibilité, d'intuition. Je parle des animaux les plus évolués. Ils ne peuvent pas parler, mais ils ont tellement d'autres moyens ! Eux aussi évoluent, sur terre, suivant leurs maîtres, et aussi dans l'Au-delà. Là aussi, il y a des degrés, des paliers... comme pour nous.

Une notion de temps existe-t-elle pour vous ? Si oui, à quoi pourrait-elle correspondre pour nous ?

Il n'y a plus de notion de temps. On ne peut pas trouver de correspondance avec votre temps. Nous vivons dans l'intemporel, dans un présent éternel qui ne se mesure pas. C'est difficile de comprendre cela pour vous qui vivez avec montres, pendules, hiver, été, etc. Nous, c'est un printemps perpétuel, sans jours ni nuits, sans fatigue, sans douleur, dans une vitalité prodigieuse et une notion d'infini... Un jour, un siècle, c'est pareil ! C'est presque impossible pour vous de l'imaginer.

Peut-il y avoir création ou disparition d'une âme ? Dans quel cas et comment ?

Là, tu me colles... pour la création je ne sais pas encore la façon dont cela se passe. Pour la disparition d'une âme, c'est très rare, mais c'est un refus total de l'Au-delà, de l'amour, une négation totale et alors là, c'est la vraie mort, la désintégration de l'âme, mais je le répète, c'est très rare de pouvoir résister à toutes les perches qui sont tendues. C'est l'âme elle-même qui choisit sa mort ou sa vie.

L'erreur ne peut-elle être qu'humaine ?

Non, il y a des erreurs dans l'Au-delà, des divergences dues aux qualités et aux défauts de chacun.

Mais là aussi, on est guidé, illuminé pour découvrir la vérité. Certains résistent, là aussi, par orgueil, par amour-propre, ou parce qu'ils restent trop attachés à la terre. Plus tu acceptes d'évoluer, moins il y a de risque d'erreur !

La mythologie et les légendes (en général) ont-elles un fond de vérité ?

Très souvent, oui. Mais les légendes ont été déformées, la mythologie aussi, par la faute des hommes. C'est comme pour les religions. Il faudrait pouvoir revenir à la source.

Il y a tant de raisons, souvent mauvaises, pour avoir tout déformé... C'est vraiment regrettable, mais, là aussi, c'est l'orgueil de l'homme qui est à la base de beaucoup d'erreurs.

Y a-t-il relation entre votre dimension et d'autres mondes ?

Comme je te l'ai dit tout à l'heure, oui, nous pouvons nous rencontrer. Pas de problème de langue et de compréhension : la télépathie et d'autres « sens » fonctionnent... nous sommes en osmose totale. Vous y arriverez peut-être un jour, mais c'est tellement fantastique et extra... ordinaire !

Y a-t-il une convergence éventuelle entre âmes et extra-terrestres ?

Il y a des perceptions, des intuitions, mais pas vraiment de contacts directs – ou rarement ! – Il n'y a pas convergence car ce sont des êtres totalement différents. (Là, je parle de *votre* monde.)

Mais pour nous, de « l'autre côté », il y a compréhension, découverte, télépathie, aucun étonnement. Tout est simple entre « âmes » de toutes sortes, terrestres, extra-terrestres et autres... c'est fabuleux !

Votre « temps libre » est-il occupé à 100 % et de quelle manière ?

Comme je l'ai déjà dit (*cf* le livre de maman) de multiples occupations, suivant nos dons, nos qualités, nos missions. Mais aussi des « récréations » : nous nous regroupons par affinités, nous nous promenons (là où nous le désirons !).

Nous sommes avec vous, ceux que nous aimons, plus souvent que vous le pensez ! (voilà pourquoi mes « coucous » !). Nous faisons ce que nous avons envie de faire pour nous distraire, mais toujours dans la joie et dans l'amour. Mais tout cela sans fatigue aucune, sans froid, sans faim... Alors tu vois, le temps qu'on a ! (puisque vous parlez de temps). Et on ne s'ennuie pas, tu peux me croire !

As-tu des limites aux réponses que tu peux donner ? (niveau hiérarchique ou interdictions quelconques).

Il n'y a *jamais* d'interdiction ! Je suis encore très jeune dans l'Au-delà et je ne sais pas tout ! J'apprends toujours, moi qui suis si curieuse de tout. Pour l'instant, je réponds selon ce que je sais... Je ne suis pas un grand prophète ou un grand initié. Mon « travail » est auprès des jeunes... Il y a d'autres niveaux ou d'autres sphères. Chacun réagit à sa façon, suivant ce qu'il est et ce qu'il sait. Je ne serai jamais un génie en sciences ou en maths, mais d'autres répondront à la demande ou guideront les gens de la terre (s'ils acceptent !).

Salut à vous les jeunes. Gardez courage et espoir ! « Ça » en vaut la peine !

ISABELLE.

Voilà en gros pour aujourd'hui. À bientôt.

FRÉDÉRIC.

Le 8 février 1990.

Salut Isabelle, encore quelques petites questions qui me sont inspirées par le livre que je suis en train de lire.

Pourrais-tu me dire ce que te suggère ceci : « Une pierre devient plante ; une plante animal ; un animal homme et l'homme devient dieu » ?

Cela veut dire que du minéral, tu passes au végétal, puis à l'animal, puis à l'homme et l'homme en évoluant devient une parcelle de Dieu. C'est la pyramide dont je parle, on ne peut plus revenir en arrière... Ceci suppose plusieurs vies (voilà pourquoi ont dit de parler aux plantes, aux animaux... Ils vivent d'une autre façon plus primitive, mais ils ont une vie).

Toi, tu restes Freddie, ou Alexandre, etc. et tu ne reviendras pas en araignée ou en serpent... ou en sapin !

Que penses-tu de la légende du Phénix ? Qu'a-t-elle de si important pour qu'on la rencontre dans de si nombreuses civilisations ?

L'homme renaît de ses cendres. C'est tout un symbole. L'homme meurt, est mis en terre, ou incinéré... Il se désintrègre physiquement, mais il renaît encore plus beau, plus fort, invulnérable, avec son aspect physique amélioré et surtout cette connaissance nouvelle qui l'élève au-dessus des autres, ceux de votre monde. Il devient une sorte de phénix dans la beauté et la plénitude. On la retrouve, cette légende, parce qu'elle correspond au désir le plus profond de l'homme, et qu'elle se vit pleinement dans l'Au-delà.

De « l'autre côté », nous pouvons tous être des phénix, si nous le désirons... mais toujours dans la lumière de l'amour ! J'insiste !

Que penses-tu de ces enfants birmans qui se souviennent de leur vie passée et qu'ils oublient en grandissant ?

Il n'y a pas que les enfants birmans. Des études ont été faites dans des tas de pays ! Les enfants se souviennent de leur vie antérieure, ils en parlent (mais souvent on croit qu'ils inventent...) et puis vers 7 ans (l'âge de raison ?) ils oublient, parce que peu à peu, hélas, ils passent dans le monde des adultes, des gens soi-disant raisonnables ! Et c'est très dommage.

Que t'inspire la phrase de H. Fielding Hall dans son livre L'Âme d'un peuple, *qui dit : « L'homme possède une âme qui passe de vie en vie, comme un voyageur d'auberge en auberge, jusqu'à ce que pour finir, il aboutisse au ciel. Mais tant qu'il n'a pas atteint le ciel dans son cœur, il ne l'atteint pas en réalité. » ?*

Elle est très belle cette phrase, et très vraie... Tant que le cœur (ou l'âme) de l'homme ne sera pas purifié, il reviendra « d'auberge en auberge », de vie en vie jusqu'à ce que son évolution lui permette d'accéder au « ciel », c'est-à-dire au sommet de cette évolution, en haut de la pyramide. C'est clair, non ? Alors il faut essayer de sauter des « auberges » par une vie droite, pour accéder plus vite à la vraie vie !

Les religions que l'on rencontre en Asie et en Extrême-Orient paraissent laisser transparaître plus de « sagesse » et de « philosophie » que les religions musulmane ou chrétienne. Qu'en penses-tu ?

Oui, parce qu'elles sont plus anciennes, plus douces, plus tolérantes. Les anciens du Tibet, par exemple, avaient découvert des choses extraordinaires... Les civilisations aztèque, maya, égyptienne aussi... et cela leur avait apporté une grande sagesse, une philosophie sereine. L'homme occidental a tout détruit. Les religions catholique et musulmane ont montré trop d'intolérance parce qu'elles croient, seules, détenir la Vérité... et là aussi, c'est regrettable. (Il y a des exceptions, heureusement !)

Question personnelle. Est-ce toi qui, de temps en temps, provoque les craquements dans ma chambre ?

Mais bien sûr ! Ce sont mes petits signes d'amitié, mes petits « saluts » ! Je me manifeste comme je peux puisque vous ne me voyez pas ! mais je suis très présente, plus que vous ne pouvez l'imaginer. Et puis, je me suis toujours plu chez vous !

Salut Freddie... Tu deviens un « client » sérieux !

ISABELLE.

Pense aux photocopies pour maman.

Bon je te laisse. Bye bye.

FRÉDÉRIC.

Le 13 février 1990.

Bonjour Isabelle, me revoici pour, encore une fois, te poser quelques questions un peu moins sprituelles.

Ton explication sur l'évolution signifie-t-elle qu'un animal ayant atteint le « top » de son évolution peut se réincarner ensuite en homme ? Ou s'agit-il de deux évolutions parallèles et bien distinctes ?

Je pense que oui. Je n'en suis pas sûre, car je ne me suis pas tellement intéressée à ces choses-là. Sinon où serait l'évolution ? Il faut penser à la pyramide ! Cela rejoint la croyance hindoue – ou indienne ! – mais à la différence que homme (ou femme !) tu ne peux pas revenir animal ou plante ou caillou, et heureusement, sinon tout serait à recommencer !

On parle souvent d'âmes maléfiques ou de démons. Leur existence est-elle réelle. Comment les âmes en sont-elles arrivées là ?

Leur existence est réelle. Ce sont des esprits mauvais, soit parce qu'ils étaient mauvais sur terre et le restent dans l'Au-delà en refusant l'amour qui les sollicite, soit parce qu'ils restent trop attachés à votre monde et veulent se « venger » de l'avoir quitté... Et je le redis, pourtant toutes les chances leur sont données d'évoluer... mais ils les refusent. D'où attention aux séances de spiritisme – dangereuses !

Que sont les démons ? Quelle est la raison de leur existence et leur but ? Comment sont-ils apparus ?

Je viens de répondre. Le mal existe parce que l'homme a le choix du bien et du mal. Les « démons » sont ces esprits maléfiques dont je viens de parler, qui ne cherchent qu'à faire du tort aux gens de votre monde. Il faut s'en protéger au maximum par une vie droite, des pensées positives et, si on le peut, par la prière. (Coucou ! je fais craquer au-dessus de la tête de maman !)

Que sont les mondes « obscurs » ou « inférieurs » dont tu parles dans le livre ?

Ce sont ces sphères où grouillent toutes ces âmes torturées, torturantes. C'est un monde obscur, infernal et il faut aux guides « chargés » de ces sphères une sacrée dose d'évolution pour essayer d'aller les « repêcher ». C'est une sphère que nous fuyons, c'est l'enfer, quoi !

Pour quelles raisons t'inspirent-ils autant de méfiance ?

Je viens de le dire ! Si nous acceptons l'évolution vers la lumière, la vérité et l'amour, nous fuyons ces sphères de ténèbres, de mensonge et de haine. Logique, non ?

Ce n'est pas de la méfiance, c'est un instinct de survie et nous sommes tellement attirés par la lumière et l'amour. Nous nous y sentons tellement bien !

Pourrais-tu, en quelques mots, me donner des conseils pour assumer au mieux la vie qui m'attend ?

Tu m'as déjà posé la question. Je ne peux que te dire et te redire mes conseils de « jeune vieux sage ». Une vie droite, des pensées droites, des actes droits autant que possible. Chercher à se perfectionner, tout en accomplissant ta vie matérielle. Peu importe ta situation, ton travail. L'essentiel est de les réaliser dans la droiture et l'ouverture.

Peut-il y avoir pour moi, possibilité de communiquer directement avec toi ? Si oui de quelle manière ?

Tu sais, j'ai la « permission » de communiquer avec maman et c'est énorme. Nous pouvons communiquer par télépathie, si tu es assez concentré et assez réceptif. Mais pour m'avoir « en direct », c'est une autre affaire ! Il a fallu l'amour immense entre maman et moi pour que j'arrive à la toucher, et ça n'a pas été facile.

Salut Freddie... Tu ne fais pas chômer ma petite mère !

ISABELLE.

Je stoppe ici mes questions pour aujourd'hui.
À bientôt.

FRÉDÉRIC.

Le 15 février 1990.

Isabelle, tu le sais certainement, j'ai très peur des « mauvais esprits » ; j'ai une angoisse terrible face à toutes ces choses que tu connais. Peux-tu me dire si ma peur est justifiée et si quelqu'un me veut du mal ? Que dois-je faire pour ne plus avoir peur ? La marque d'eau que j'ai eu dans mon lit et celle dans le lit de mon frère ont-elles un rapport (d'où mon angoisse). Est-ce que ces choses-là sont un bon présage ou bien est-ce quelque chose de mauvais ? Si au contraire c'est quelque chose de positif, comme toi avec ta maman, peux-tu me dire qui c'est ?

C'est parce que vous êtes angoissée que vous avez peur des mauvais esprits. Ils existent mais ne touchent que des gens vulnérables, fragiles. Personne ne vous veut du mal. Pour s'en protéger il faut prier, et si vous ne pouvez pas, avoir des pensées *positives*, penser « beau ». Je ne peux pas vous dire si la flaque d'eau est un présage ou pas (je ne suis pas médium) mais il faut vous rassurer, les mauvais esprits sont rares, heureusement. Pensez plutôt aux bons esprits qui vous aident de l'Au-delà.

Sais-tu si j'ai déjà vécu et qui je suis ; est-ce que j'ai une mission sur la terre ?

Je le répète, je ne lis pas dans une boule de cristal. Vous avez sûrement déjà vécu, vu votre évolution. Tout le monde a une mission sur terre, est re-venu dans un but précis. Ce but, il se découvrira « par hasard »... Regardez maman ! Il faut être patiente et attentive, lire, être à l'écoute... « Cherchez et vous trouverez. »

Enfin, connais-tu Stéphane ? A-t-il un message pour Marie-Paule et Jérôme ? Et comment va mon grand-père si tu le connais ? Merci et gros, gros bisous.

Je ne peux pas rencontrer tout le monde, mais je peux vous assurer que Stéphane est mille fois plus heureux que dans votre monde. Il ne faut pas le pleurer, mais essayer d'être heureux de sa joie. Les regrets, les pleurs, la tristesse nous gênent dans notre évolution. Car nous sommes tristes de vous voir tristes et cette tristesse nous rattache trop à votre monde. Nous vous aimons encore plus et, si vous nous laissez évoluer, nous pouvons mieux vous aider.

Pour votre grand-père c'est pareil. Il vous aide, vous protège... C'est tous ceux que vous aimez et qui sont « partis » dans la vraie vie qu'il faut solliciter. Ils répondront de tout leur amour à votre appel.

Cette question arrive tard, je l'avais oubliée. J'ai joué avec le verre et les cartes pour rentrer en contact avec ton monde. J'y suis parvenue mais est-ce que je peux continuer, est-ce que je suis protégée ou dois-je ne plus faire ce genre de chose et pourquoi ?

Puisque vous êtes angoissée, et de toute façon, il ne faut pas jouer avec le feu, il faut éviter ce genre de choses. Je mets en garde contre les séances de spiritisme, car là, les esprits mauvais peuvent s'en donner à cœur joie. Ce n'est pas un bon genre de contact ; il vaut mieux la prière, une bonne lecture, allumer une bougie auprès d'une photo d'un disparu aimé. Il faut être très solide et se protéger énormément pour ce genre de séances, mais je le redis, il vaut mieux éviter !

Je vous embrasse, je vous souhaite bonne route, bonne recherche, bonnes découvertes. Vous êtes bien partie !

ISABELLE.

Merci d'envoyer une photocopie à ma petite mère pour... plus tard. Bisou !

le 7 mars 1990.

Coucou Isabelle ! Deux ou trois petites questions pour éclairer ma lanterne. Pourrais-tu me donner des précisions sur ce « technicien » dont parle le Père Brune dans son livre Les morts nous parlent [1] *?*

Je ne connais pas le livre, mais je pense que ce sont des gens qualifiés dans l'Au-delà pour aider à transmettre ces messages visuels aux gens de votre monde. Pour qu'il n'y ait pas trop de parasites, d'interférences... Comme les techniciens que vous avez sur terre... c'est là leur mission !

Connais-tu une équipe nommée « life line » chargée des communications avec la terre ? Pourrais-tu me donner des renseignements sur elle ?

1. Éditions « Le Félin ».

Tu sais, je ne connais pas tout et je ne suis pas portée sur ce genre de choses. Nous sommes tellement nombreux et nous avons tous des missions différentes. Là aussi, *si c'est une information sérieuse*, je pense que c'est pareil : certains ont la mission d'informer les gens de la terre, pour les aider à y voir plus clair. Mais il faut être très prudent avec ces affirmations, car, chez nous aussi, il y a de bons et mauvais informateurs !

Que penses-tu de la phrase de Michel, décédé, disant à son père lors d'une communication : « Toute souffrance porte en elle des germes de vie » ?

C'est évident ! Regarde pour maman ! Si elle n'avait pas eu cette immense souffrance de me voir partir, elle n'en serait pas à son livre, aux messages et à tout ce qui se prépare.

La souffrance t'oblige à évoluer, à te questionner, à chercher et à te dépasser. « D'une mort, naît une vie nouvelle », c'est le même sens...

Connais-tu ou as-tu « entendu parler » d'une entité ou d'un être nommé ABX JUNO ? Il semble qu'elle soit ou qu'elle ait été en contact avec une équipe de Darmstadt.

Tu en sais plus que moi sur ce sujet ! Comme je te l'ai dit, je suis loin de tout savoir et puis ces recherches ne me concernent pas !

J'ai tellement d'autres choses à apprendre. Je vis une vie tellement pleine et riche ! Ces recherches sont des recherches « terrestres », on ne peut vous donner **toutes** les clefs et toutes les réponses. Je sais que tu es passionné **de toutes** ces choses, mais il ne faut pas tout croire, il faut faire un **tri... et** rester très prudent...

Pourrais-tu me donner des renseignements sur ces « stations orbites » où se fait l'accueil des décédés ?

C'est tout simplement un groupement d'êtres de l'Au-delà qui ont connu ou aimé celui qui arrive, ou qui viennent l'aider. On l'appelle comme on veut, mais je dirai que c'est un « noyau d'amour » qui vient guider celui qui arrive, (qui est souvent perdu et désorienté) pour l'aider à franchir le cap, à s'initier à sa nouvelle vie. C'est une aide précieuse pour le passage dans la vraie vie.

Voilà pour aujourd'hui.

FRÉDÉRIC.

Salut Freddie, et bonne route !

ISABELLE.

Dans tes lectures, fais quand même attention... Tout n'est pas à croire, il y a des esprits farceurs des deux côtés !

Le 7 mars 1990.

RÉFLEXION D'UN LECTEUR
sur une phrase (p. 112) de Isabelle, une lumière dans la nuit

« Pense à ton "moi supérieur" et ton "moi inférieur" se desséchera par manque d'attention. »

Il faut apprendre à se libérer de la vanité qui consiste à pouvoir porter un jugement sur ce que nous croyons comprendre ou voir car ce jugement est subjectif et subordonné à des apparences – sur le moment – ou en fonction d'apparences précédentes que l'on a cru discerner. Cela a trait au « moi inférieur » que l'on a tendance à considérer comme étant le seul existant.

Le « moi supérieur » est celui de l'Esprit, partie de Dieu qui sait tout et qui est donc capable de faire savoir, si on sait l'écouter, quelle est la bonne réponse aux différentes questions que l'on peut se poser.

Il faut naturellement se mettre à son écoute et apprendre à écarter le jugement de « moi inférieur » dicté par le raisonnement que suscite ce que nous appelons notre intelligence qui est très limitée en réalité par rapport à la vraie connaissance.

Il nous est donné d'interpréter des réponses que nous fait le « moi supérieur » à l'aide du pendule mais par un autre code de langage que celui que nous utilisons et qui est lui, d'ordre mécanique.

Nous avons un cerveau doté de milliards de neurones interconnectés les uns aux autres. De ce cerveau, sont issues toutes les inventions ou découvertes que l'homme a faites et qui ne sont rien à côté de celles qu'il fera encore, inventions et découvertes dont la libération est programmée par la grande sagesse du Créateur. Ce cerveau a donc la capacité et les moyens de s'informer de façon indépendante de notre volonté et de stocker les réponses aux questions que nous nous posons, libre à nous de lui laisser ces réponses stériles ou de nous les communiquer.

Pour lui permettre de nous les communiquer, nous disposons d'un amplificateur de pulsions imperceptibles, générées par le cerveau sur l'extrémité des doigts et commandant les mouvements du pendule après une convention passée entre le « moi inférieur » et le « moi supérieur » quant à la signification des mouvements du pendule ou son sens de giration.

« Pense à ton "moi supérieur" et ton "moi inférieur" se dessèchera par manque d'attention. »

Cette réflexion est sans doute incomplètement exprimée, mais là où se trouve Isabelle, ils ont la « connaissance » de nos pensées et ils peuvent discerner ce qu'il y a de vrai en elles et ce qui n'est pas.

Ma question est donc : « Qu'y a-t-il de vrai dans ma réflexion et en quoi peuvent se trouver mes erreurs ? »

Je reconnais que c'est un sujet compliqué à traiter mais avec la grande sagesse qu'Isabelle et ses guides ont acquise, je pense pouvoir en avoir leur jugement.

La réponse est claire et évidente pour moi !

« Pense à ton moi supérieur et ton moi inférieur se desséchera par manque d'attention. »

Affinez votre esprit, votre âme, soyez à l'écoute du spirituel, soyez plein d'amour, vivez une vie droite, priez, pensez que vous êtes une parcelle de l'étincelle divine, que vous avez une mission à accomplir, cherchez et vous trouverez, etc.

Je ne dirai pas que c'est le cerveau (bien sûr, il est important !) mais le « cœur »... Comme dit le Petit Prince : « L'essentiel est invisible pour les yeux. On ne voit bien qu'avec le cœur. »

Ainsi, le moi inférieur aura beaucoup moins d'importance : son ego, ses passions, le monde matériel, trop matériel, les sentiments négatifs ou mauvais, la vanité, l'orgueil...

Bien sûr, on se sert de son « cerveau » mais l'homme qui fait une découverte, une invention est guidé par Dieu. (Ce qui devrait le rendre humble et désintéressé !)

L'homme est un tout ! Connaissez-vous le *Dialogue avec l'Ange*[1] ? Il y est dit : « La force est emportée *d'en bas* – elle monte – mais elle est encore malléable, transformable, tu peux la diriger. Ne la laisse pas s'écouler dans l'emportement ! Prends garde à elle, c'est une force sacrée. Garde-la et transforme-la ! » et, ailleurs : « C'est au *sommet* de tes questions que tu trouveras la réponse. Je suis là. Je ne peux parler que de là. C'est cela l'enseignement : *Tout a son sommet et le sommet est ta place.* »

« La juste mesure, c'est l'équilibre entre force et matière, entre fini et infini. » L'homme est le point-foyer. Le point de la délivrance. À travers l'Homme Nouveau – ce point de la délivrance.

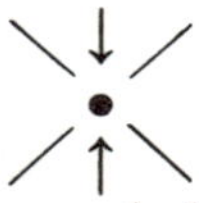

le haut se déverse vers le bas,
le bas monte vers le haut,
l'intérieur s'unit à l'extérieur,
le dehors au dedans,
l'éternel au temporel,
le divin au terrestre.
Les deux contraires se pénètrent.

Ainsi, l'homme trouve enfin son équilibre *il devient universel.*

Vous trouveriez beaucoup de réponses dans ce livre.

(Symboliquement, le bas du corps humain représente la matière... le haut, l'esprit. La matière et l'esprit se rejoignent au niveau des yeux = miroir de l'âme !)

Bon courage dans vos recherches.

ISABELLE.

1. Gita Mallasz, *Dialogue avec l'Ange*, Éditions Aubier.

Le 9 mars 1990.

Salut Isabelle, avant de te poser quelques questions, je vais me présenter. C'est la moindre des choses !

Je m'appelle Jean-Christophe, j'habite à Guer, petite ville de Bretagne et je suis un ami d'Alexandre. J'ai donc fait ta connaissance grâce à lui et aussi Frédéric que j'ai connu par son intermédiaire. J'ai lu le livre de ta mère, j'en ai fait qu'une bouchée en deux soirées. Celui-ci m'a confirmé et appris pas mal de choses.

Et maintenant un « interrogatoire » très court !

J'ai vu récemment à la télé une émission sur la cryogénisation. C'est bien américain, quoi ! Ramener à la vie des humains grâce à la science après congélation de leur corps pour un très long moment. Pour ma part, je trouve ça idiot, mais plutôt qu'en penses-tu ?

Je pense, comme je l'ai déjà dit, que l'homme veut trop jouer à l'apprenti-sorcier (cryogénisation, avortement, éprouvettes, etc.). Je suis de ton avis, et l'homme en subira les conséquences. Il veut être le maître de la vie, alors qu'il n'est qu'un maillon de la chaîne. Son orgueil et sa vanité seront sanctionnés... Il se détruit lui-même par tous ces procédés que, souvent, il ne peut plus maîtriser... L'effet boomerang !

En ce qui concerne vos missions, la majeure partie du temps vers quel domaine sont-elles orientées ? Serait-ce juste si je disais vers l'Amour ?

Nos missions sont en fonction de ce que nous sommes, de nos dons, de nos qualités, de notre personnalité. Il est certain que l'amour est la chose la plus importante, primordiale même, *et* dans votre monde *et* dans le nôtre (mais, pour nous, c'est tellement plus facile !). L'amour régira votre « place » dans la vraie vie.

Tu nous parles très souvent de sphères qui caractérisent un niveau acquis. Y en a-t-il un nombre déterminé pour en arriver jusqu'à la dernière ? (Combien, si tu peux me le dire ?)

Je parle de sphères parce qu'il faut bien trouver un mot, un symbole... disons qu'en évoluant on « monte » vers une autre sphère (monter n'est pas exact !) Cela se fait sans escalier, sans échelle, mais on évolue si on se laisse guider par l'amour et on a envie d'accéder à la dernière, car c'est le point de fusion totale. On peut quelquefois y arriver sans avoir à revivre une vie.

En effet, je suis très intéressé par ces sphères. J'adore la peinture et l'art en général. J'aimerais beaucoup en représenter une. Pourrais-tu m'y aider ? (Peut-être pour donner l'impression du déjà vu pour quelques gens passant dans l'autre monde.)

Je sais, tu me diras qu'avec notre vocabulaire c'est indescriptible. Mais avec tes données et mon imagination, ça pourrait marcher !

(N.B. *j'ai déjà fait une interprétation du même genre).*

Tu as répondu toi-même à la question ! Avec vos mots, c'est tellement difficile.

Pour t'y aider, tu peux représenter une pyramide avec le point oméga tout en haut, ou une échelle (plus banal !) avec des échelons et le dernier « au ciel ».

En tout cas, pour vous, un signe qui représente une montée, une évolution. Avec ton imagination, tu vas bien trouver !

Une de mes amies a récemment appris que l'un de ses copains est homosexuel. Elle a beaucoup de mal à l'accepter et à l'expliquer. À votre niveau, comment l'expliques-tu ? Y a-t-il un rapport avec une réincarnation quelconque qui jouerait une influence pour cette personne ?

C'est possible ! les vies antérieures déterminent ta nouvelle vie. Mais, dans la réalité, il faut l'accepter sans porter de jugement. Peu de gens savent la souffrance qui, souvent, habite ces êtres. Là aussi, c'est encore un sujet tabou, et on n'est pas débarrassé des préjugés, des critiques de la dérision.

Dans l'Au-delà, il n'y a plus cette différence, ce racisme. Il n'y a que l'amour !

Après avoir lu ton livre, ou plutôt celui de ta mère un soir chez Alex, je me suis endormi et j'ai rêvé. Le seul souvenir qui m'en reste est de t'avoir vue. Physiquement cette fille ne te ressemblait pas du tout. Elle était blonde et ses cheveux étaient longs et bouclés comme ils étaient dans une époque passée. Une chose amusante : Je ne te connais point mais j'étais sûr que c'était toi !

Ceci n'est qu'une simple remarque que je voulais te faire savoir, je n'attends donc pas de réponse précise.

Je suis brune avec de longs cheveux et des yeux noirs (tout l'opposé). Il y a erreur de personne. Mais tu sais, les rêves, c'est compliqué ! Il faudrait savoir les décrypter, car ils apprennent beaucoup de choses !

C'était peut-être moi, mais ton rêve m'a transformée.

Voilà, c'est tout pour l'instant, je vous remercie ta mère et toi de m'accorder un moment.

Je pense très souvent à ce qui peut se passer de « l'autre côté » et plus particulièrement à vous, éternels vivants. Je vous envie beaucoup et depuis, je me porte très bien moralement.

Je dirais juste (avec respect) « Passe le bonjour à tous et à mes amis, et aux personnes de ma famille qui nous ont quittés. » Bisous.

JEAN-CHRISTOPHE.

Tu me sembles très ouvert et très sympa. Le plus beau compliment c'est que tu dis te porter très bien moralement. C'est super ! Et c'est le but du livre.

Tu sais, je n'ai pas besoin de « passer le bonjour » à tous ceux que tu aimes et qui sont de « l'autre côté ». Ils le savent, ils t'aident et, en cas de panne, tu peux leur demander de l'aide.

Salut, Jean-Christophe. Continue sur ta lancée.

ISABELLE.

Pense à une photocopie pour ma petite mère, merci.

Le 2 avril 1990.

Oui Lætitia[1] nous a rejoints. Nous étions beaucoup pour l'accueillir. Elle est bien, maintenant, et quand elle sera tout à fait prête, nous l'aiderons au maximum à s'adapter à sa nouvelle vie.

Je sais la peine et le chagrin que vous ressentez, mais essayez de prendre sur vous, essayez de penser et de croire que Lætitia est dans la vraie vie. Je peux en témoigner, moi qui suis partie à 16 ans. Ne la freinez pas par vos regrets, votre tristesse... vous l'aiderez à évoluer et à être de plus en plus heureuse.

Les jeunes s'adaptent et évoluent très vite, une fois le premier désarroi passé. Elle sera encore plus proche de vous, encore plus aimante. Elle vous aidera de toutes ses forces.

« Ne pleure pas si tu m'aimes. » Une fois de plus, je conseille la prière de saint Augustin. (Si vous ne la connaissez pas, demandez-la à maman.)

Ce sera elle, maintenant, votre guide. Je suis partie voilà sept ans, et je peux vous certifier que je suis mille fois plus heureuse que dans votre monde, surtout depuis l'évolution de mes parents. Nous vivons dans la joie, dans la gaieté, dans l'amour.

Lætitia est encore un peu « ensommeillée » (c'est une étape normale) mais après... Elle va être tellement entourée, aidée, guidée, aimée, qu'elle évoluera à toute vitesse, qu'elle sera encore plus proche de vous, que son amour sera sur-multiplié.

Alors, je vous en prie, essayez de penser à son bonheur et non à son « faux » départ. Essayez de garder courage et confiance pour l'aider à vivre sans regrets.

N'allez pas trop souvent au cimetière (elle n'y est pas !) Mettez des fleurs auprès de sa photo, allumez des cierges et si vous avez la foi, priez ! Sinon, pensez très fort à elle d'une façon positive et demandez-lui de vous aider.

Je vous souhaite beaucoup de courage pour vous et pour le bonheur de votre fille qui n'est pas morte, mais seulement « disparue » de votre monde visible.

1. Lætitia est une jeune fille « partie » à 16 ans, dans un accident de voiture

Lætitia et moi vous embrassons de tout notre amour immense et magnifique. Haut les cœurs !

ISABELLE.

Le 8 avril 1990.

Isabelle, as-tu rencontré Madeleine M., Corinne B. et Virginie P. ? Comment vont-elles ?

FLORENCE.

Je ne peux pas rencontrer tout le monde, nous sommes trop nombreux et pas tous sur le même plan, mais si ce sont des disparues de longue date, je peux te certifier qu'elles vont très bien.

Si ce sont des disparues plus jeunes dans l'Au-delà, il leur faut un temps d'adaptation et après, tout ira bien si elles acceptent d'être aidées et guidées par l'amour. Tout est merveilleux.

C'est une certitude que j'affirme parce que je la vis.

Salut et bonne route dans cette vie.

ISABELLE.

As-tu rencontré Marie-Rose S. ma grand-mère ? Marie-Hélène C.

Même réponse qu'à Florence. Nous sommes trop nombreux et pas sur le même plan. Les disparus n'évoluent pas à la même vitesse, les jeunes évoluent en général plus vite, mais ta grand-mère, si elle était âgée, était sûrement prête quelque part. Les jeunes, après la découverte de cet autre monde fabuleux, « accrochent » très vite s'ils ne sont pas trop freinés par leurs regrets et par la tristesse de leurs proches.

Christian R.

Idem. Je rencontre surtout les jeunes qui sont sur le même plan, ou ceux de ma famille. Mais ma vraie mission est surtout auprès des jeunes de votre monde. Pour les aider à espérer.

Salut ! et bon courage.

ISABELLE.

Isabelle, as-tu rencontré mes parents François et Boleslas J. ? Merci.

Je suis désolée de répondre la même chose (voir réponses 1 et 2). Imaginez un peu le nombre de disparus ! Je ne peux que répéter ce qui est dans le livre et les réponses aux autres questions : Vos disparus sont heureux si vous ne les empêchez pas d'évoluer par vos pensées négatives, votre tristesse. Si vous acceptez leur départ, si vous croyez à l'Au-delà, alors, après, ce sont eux qui vous aident. Rares sont ceux qui refusent d'évoluer. Ils sont encore plus près de vous !

Courage et confiance.

ISABELLE.

Je veux savoir si ma mère Paule P. va bien et si elle ne souffre pas trop et que je pense beaucoup à elle pour Patricia et si elle me voit.

Tu ne me donnes pas beaucoup de détails (je ne suis pas une voyante !). Si ta maman est dans notre monde, bien sûr qu'elle te voit, qu'elle t'aime, qu'elle t'aide. Une mère encore plus qu'un autre disparu !

Elle souffre si elle te voit triste et malheureuse. Il faut lui demander de l'aide, il faut penser qu'elle est bien et que son amour est immense.

Je ne sais pas si j'ai bien répondu à ta question.

Il faut que les questions soient claires pour avoir des réponses claires !

Je te souhaite bon courage. Soyez rassurés. Nous sommes bien dans notre monde et il *existe* vraiment.

ISABELLE.

Le 10 avril 1990.

Un assassin monte-t-il au « paradis » ? Y a-t-il quelque chose ou un endroit de mal ? Où es-tu ?

Un assassin, s'il se repent, s'il regrette, s'il se laisse guider par l'amour peut évoluer. Mais il peut aussi décider de se réincarner pour réparer le mal qu'il a fait. Ceux qui refusent restent dans les basses sphères ou « sphères infernales ». (Voir le livre de maman.)

Où commence l'Au-delà, où se termine-t-il ?

L'Au-delà se trouve au milieu de vous, parmi vous et ailleurs. Il n'y a pas de commencement ni de fin. C'est difficile pour vous de comprendre.

Que veut dire saine pour correspondre avec toi ?

Je ne comprends pas.

Isabelle, as-tu rencontré Henri H.

Même réponse qu'aux autres !

Tu travailles là où tu es, ce qui veut dire que tu nous aides toi à trouver du travail ; tu nous donnes un coup de pouce, car ça je ne comprends pas très bien ?

Je vous aide autant que je le peux, mais surtout pour évoluer, pour vous faire poser des questions. Sur le plan matériel, c'est à vous de trouver, mais nous essayons de vous guider à faire un bon choix.

Bon courage.

ISABELLE.

Pouvez-vous me dire si mon père M. René C. a bien passé cette épreuve qui est survenue le 1er août 1987 vers 19 h 30.

Demandez-lui s'il a pu rencontrer d'autres membres de sa famille. Est-ce qu'il pourrait nous faire savoir s'il est bien mieux là où il est plutôt qu'avec nous.

A-t-il pu voir son fils Michel ?

Merci.

Bien sûr qu'il a rencontré les autres membres de sa famille qui sont venus l'accueillir, l'aider, le guider, le dorloter.

Il est bien mieux, maintenant, mais, je le répète encore, il ne faut pas le freiner, l'attrister par la peine et les larmes. Il vous aime et vous guide maintenant. Encore plus qu'avant. Même s'il n'est pas parti de gaieté de cœur, il est heureux et ne veut pas vous voir tristes.

C'est bien lui qui a la « meilleure place » maintenant !

Il a retrouvé tous les gens qu'il aimait.

Pensez à lui avec amour et espoir !

Courage et confiance.

ISABELLE.

Le 17 avril 1990.

Bonjour Isabelle, par cette lettre, je viens te poser des questions qui ont été demandées par Jean-Christophe que tu connais déjà. Les voici :

Le satanisme, l'enfer et le Diable existent-ils ?

Vous me faites répéter : je vais vous tirer les oreilles. Avez-vous lu le livre ? Le satanisme, c'est le culte de Satan, l'esprit du mal. Le mal existe, mais il est créé par la liberté de l'homme. L'enfer, j'en ai parlé, ce sont les sphères inférieures dans l'Au-delà, mais aussi l'enfer personnel, intérieur. Le Diable n'a pas de cornes, tout comme Dieu n'a pas une barbe blanche. Ces sont des images déformées.

Les gens y croient-ils de la même manière que nous qui croyons en Dieu ?

Certains y croient plus qu'en Dieu. Certains s'en servent pour effrayer, pour manipuler. Certains appellent le mal comme nous devons appeler le bien. Il faut lutter contre ces forces qui ne peuvent être que mauvaises. Il faut les contrer avec des pensées droites, positives. Il faut prier, si on le peut, pour que l'homme arrive à se débarrasser de tout le mal et tendre vers le beau, vers le bien.

As-tu déjà eu l'occasion de pouvoir voir ce que pouvait être l'enfer ?

Je l'ai dit dans le livre ! Je fuis cette sphère hideuse, grouillante. Il y a des guides qui ont la mission de cette sphère, et ce n'est pas évident ! C'est la sphère des esprits mauvais, qui résistent à l'amour qui les sollicite, qui ne cherchent que l'occasion de tracasser les gens de votre monde.

Je suis attirée par le « paradis » et non par « l'enfer » !

Beaucoup de gens disent que s'il y a un paradis, il y a un enfer et s'il y a Dieu, il y a Satan. Faut-il (comme on le dit souvent) avoir été « méchant » pour ne pas être admis aux cieux et être « recollé » aux enfers à jamais ? Bref, pourrais-tu m'en dire plus à ce sujet ?

Il faut avoir une vie drôlement moche et affreuse pour être « recollé » aux « enfers » comme tu dis, même si on y est, on peut toujours s'en sortir en acceptant l'amour qui aide à évoluer. Le « paradis », c'est le haut de l'évolution. « L'enfer », c'est le bas. (Pense à l'échelle.)

Et tu as toujours la possibilité de revenir pour te perfectionner. Rares sont ceux qui refusent ces aides d'amour. Ce n'est pas Dieu qui juge, mais c'est *toi* qui te juge impitoyablement et qui décide de ce que tu vas devenir. Vous avez encore trop d'images fausses en tête.

Relis bien le livre, tu comprendras mieux.

Merci pour les réponses que tu pourras lui fournir et à bientôt. Bises.
FRÉDÉRIC.

Salut ! menez votre vie du mieux possible et ne vous tracassez pas trop avec ces (faux) problèmes.

ISABELLE.

Enfer = sphère inférieure.
Paradis = sphère supérieure.
Entre les deux, beaucoup d'évolution – (ce n'est qu'une *image* pour essayer de te faire comprendre !)

Le 26 avril 1990.

Isabelle, je suis toute prête à avoir la foi, à croire en l'Au-delà mais j'ai toujours un esprit rationnel. J'aimerais savoir où se trouve l'Au-delà ; dans l'espace, sur terre ? Où ?

Pourrais-tu me dire si j'ai un guide spirituel, si je le connais et est-ce qu'il me protège et m'aime ?

Peux-tu me dire pourquoi la guerre, la violence et tout ce qui l'accompagne existent ? J'aimerais que mon guide spirituel m'aide à reprendre confiance en moi, me dise ce que je dois faire car je vis ma vie terrestre le mieux possible.

KARINE.

Décidément, on me pose souvent les mêmes questions ! L'Au-delà, ce n'est pas sur une montagne ou sur une autre planète. C'est *votre* monde (et d'autres), vos paysages, vos maisons mais embellis, transformés. Si tu pouvais voir une des cassettes du Père Brune, tu verrais le « décor » où nous vivons. C'est difficile pour vous de le comprendre, car il vous manque un sens. Vous êtes entourés de disparus, mais vous ne les voyez pas. Un jour viendra, peut-être !

Quant à ton guide spirituel, bien sûr que tu en as un, et peut-être plusieurs ! Il te guide, te conseille, mais il faut que tu lui parles, que tu lui demandes...

La guerre, la violence, ce sont les hommes qui les créent, parce qu'ils ont le choix entre le bien et le mal, et puis... il y a le Karma !

Tes questions sont signe d'une évolution certaine (même si tu te dis « rationnelle » !

Bravo. Continue sur ta lancée.

ISABELLE.

Bonjour Isabelle, y a-t-il une coïncidence entre la date anniversaire d'une disparition et la naissance d'un enfant à la même date ?

Je te pose cette question, car vois-tu, mon grand-père paternel à disparu le 31 mars 1980 et ma nièce est née le 31 mars 1990 ?

Depuis sa disparition je me suis souvent posé des questions et peut-être pourras-tu m'aider ?

Mes parents n'étaient pas en très bons termes avec lui ; mais ça, tu dois le savoir. Il nous a quittés le jour de mon anniversaire et a été enterré le jour de la fête de mon père. Il voulait peut-être nous faire savoir quelque chose, mais quoi ? Je n'ai jamais trouvé de réponses. Qu'est-ce qu'il est devenu, va-t-il bien ? Est-ce que je peux faire quelque chose pour lui ?

Je voudrais te demander une autre faveur, vois-tu ma grand-mère maternelle, elle va bien je le sais, peux-tu l'embrasser pour moi ! Que fait-elle ?

Je te remercie de répondre à ces questions.

Merci Isabelle, et remercie ta maman pour moi.

Quelquefois, oui, mais ce n'est pas habituel. Ce qui est sûr, c'est que leurs âmes se sont croisées et connues puisque ta nièce est née dans la même famille. Ton grand-père et elle se connaissent forcément.

Ce n'est pas lui qui a décidé de la date de son « départ » ni du jour de son enterrement. (Du moins, pas dans cette vie !)

Il est très bien maintenant, très heureux. Il veille sur vous. Tu peux lui demander de l'aide, car lui n'en a plus besoin.

Il faut prier vos disparus chers, car ils vous aiment et peuvent vous aider. Pour ta grand-mère, je te dis la même chose !

Il faut croire qu'ils sont vivants, heureux et qu'ils veulent votre bien.

Même s'il y avait des désaccords de leur vivant dans votre monde, tout est oublié. Plus de rancune, de jalousie, de haine... Mais de l'amour !

Sois-en persuadée.

Confiance, courage, espoir !

ISABELLE.

Le 16 mai 1990.

Je me permets de te tutoyer. Maman a été très touchée par ta lettre. Il lui en arrive de plus en plus, surtout de jeunes. C'était le but du livre, car ma mission est auprès des jeunes, principalement.

Tes questions ne me paraissent pas « ridicules », comme tu le dis. Au contraire, elles sont le signe de ta recherche, de ton évolution. Mais tu vas peut-être être déçu, car je ne peux répondre à des choses précises comme le métier que tu vas exercer, la branche, etc. Je l'ai dit dans le livre, je ne suis pas voyante. Je n'ai pas de boule de cristal, je ne peux vous aider que par mes conseils de droiture de vie, de spiritualité. Si tu le désires vraiment, si tu es angoissé par ton avenir, tu peux aller voir un médium, une voyante (mais pas n'importe qui !). (Maman pourra te donner des adresses de personnes sérieuses.)

Ta lettre est très positive, c'est là l'important. Ta connaissance spirituelle va évoluer, c'est certain, tu es bien parti !

Et puis, tu sais, dans cette recherche, les choses se feront d'elles-mêmes, pour peu que tu sois ouvert et attentif.

Communiquer avec l'Au-delà ? Je dis : prudence ! Si tu es réceptif, pourquoi pas ? Mais je mets en garde contre les esprits farceurs ou mauvais qui peuvent tracasser. Si cela doit se faire... tu le sauras ! Reste attentif. Mais ne provoque pas, car cela peut être très dangereux ! Pas de séances de spiritisme, non plus... Il faut être très vigilant !

Rares sont les personnes qui peuvent communiquer sans danger avec l'Au-delà. Elles ont alors des permissions spéciales et nous aussi. Comme tu es très ouvert, tu peux lire... il y a des tas de bons livres sur ce sujet... Être à l'écoute de ce qui se passe dans ce domaine, car tout bouge !

Je ne peux être plus précise, car vous devez aussi chercher... et vous trouverez !

Salut Didier. Je te souhaite bonne route dans la vie, mais je pense que tu as pris le bon départ...

Demande aussi l'aide de ton guide spirituel. Il n'attend que ça !

ISABELLE.

Pense à une photocopie pour maman... On ne sait jamais ! Merci.

Le 12 juin 1990.

Bonsoir, ma petite mère. Il y a longtemps que nous ne nous étions pas parlé, cœur à cœur, âme à âme. Tu étais très fatiguée et perturbée par la super-conférence. Je te bouscule mais en même temps je te protège. Tu te sens un peu désorientée, tu ne sais pas où tu vas, mais ne t'inquiète pas : tout se décantera, tout prendra place et tu trouveras le chemin. Je suis là pour te guider, pour t'aider. Nous arriverons ensemble à déterminer ta nouvelle voie.

Cette conférence a et aura beaucoup de répercussions, de retombées, tu t'en rends compte par le courrier, les coups de téléphone. Ta mission est très importante, tu ne peux plus reculer. Tu procéderas par étapes, je te répète, tu trouveras ce qui te correspond le mieux. Je te demande beaucoup, mais l'enjeu est tellement vital pour des tas de gens ! Ce livre remue, fait bouger, fait avancer, fait poser des questions. C'est notre mission à toutes les deux !

Même si tu te sens un peu perdue, tu verras, tout se dessinera en temps et heure voulus. Tu restes extérieure et c'est très bien, car tu es plus lucide, plus honnête. C'est moi qui te pousse, c'est moi qui te fais agir, qui te téléguide. Tu renâcles un peu et je te comprends, mais, je le répète, tu l'accepteras et tu t'y épanouiras.

Tu vis des expériences extraordinaires mais nous sommes ensemble. Tu sais bien que je suis toujours là !

Regarde le changement de papa ! Même si le travail est lent, il « y » vient tout doucement, il s'ouvre peu à peu !

Ah ! mes chéris que je vous aime, tous les deux ! Comme votre courage, votre attitude me sont précieuses. Comme t'a dit le docteur M., je suis plus vivante qu'avant, grâce à toi, grâce à vous !

Tu vas faire le point peu à peu... la boule de neige dont je t'ai tant parlé devient énorme ! Regarde les réactions des docteurs M. ! Leur témoignage était magnifique et a touché tout le monde ! En plus, l'impact qu'ils ont est encore plus fort parce qu'ils sont médecins. Je suis tellement heureuse de les avoir connus, tous les deux !

Allez, ma petite mère, du tonus ! Ta fatigue actuelle est normale et momentanée... tu récupéreras et nous trouverons ensemble ce que l'avenir te réserve.

Je suis fière de toi et tellement heureuse qu'à travers nos échanges tu puisses toucher tant de monde. C'est là notre but ! Reste comme tu es, tu es ma mère adorée. Garde ta spontanéité, ton authenticité, ta vérité, je t'aiderai à faire le reste !

Je te protège au maximum, car nous avons encore du travail à faire ensemble.

Geneviève D. t'est d'un secours précieux, car vous parlez à peu près le même langage. Tu te sens moins isolée, même si tu m'as !

Ensemble, vous pourrez faire de belles choses. On verra !

Courage ma petite maman, détends-toi un peu. Tout ira pour le mieux.

Je vous embrasse, mes deux chéris, avec tout mon amour immense et mille fois plus pur qu'avant. Je vous aime !

ISABELLE

Le petit papillon a froid, mais il reviendra. Je suis heureuse, si heureuse !

Le 3 août 1990.

Bonjour, ma petite mère accablée de chaleur ! Tu vois, tu peux écrire n'importe quand et n'importe où, pour peu que tu aies du calme. Ne te désole pas ! Nous aurons d'autres messages, sous différentes formes. Tu n'es pas au bout de tes peines. Nous avons encore du travail à faire ensemble, même si tu penses que le plus dur est fait ! Le contact ne se coupera pas comme ça ! Nous avons mis tant de temps à nous « accorder ». C'est merveilleux tout ce qui arrive à travers le livre, tous ces liens, toutes ces rencontres, et ce n'est pas fini ! Tout se décantera, comme je te l'ai dit, et tu trouveras ta place, ton rôle, ta mission. Je suis là pour t'y aider...

C'est tellement magnifique quand on arrive à communiquer, d'une façon ou d'une autre ! Les messages écrits sont plus longs et plus explicites. Nous pouvons mieux nous exprimer, à travers vous.

C'est vrai que, de notre côté, nous sommes aussi tout un réseau, toute une chaîne avec mission de remuer votre monde, de le faire bouger, vers le beau, vers le bien, vers la Vérité. Nous nous servons de vous, le noyau « d'élus », pour faire passer tout ce que nous pouvons vous dire. Souvent, votre vie de plus en plus matérielle reprend le dessus, mais c'est normal, nous sommes toujours là pour vous secouer, vous rappeler à l'ordre... avec amour. Car c'est dans l'amour et par l'amour que nous voulons vous toucher, pour que cet amour incommensurable où nous baignons, dont nous vivons, puisse petit à petit toucher votre monde. Il y a des îlots lumineux : ces îlots doivent proliférer, se répandre et c'est grâce à vous que nous y parviendrons.

Tu es tout étonnée, toute surprise de tout ce qui arrive par le livre. C'est bien, mais ce n'est pas encore assez ! Tu connais ma force et mon obstination : nous y arriverons, toutes les deux, et d'autres aussi...

C'est un maillon de la grande chaîne d'amour qui nous réunit, dans l'Au-delà et dans votre monde. Il « y » vient tout doucement, ce monde nouveau qui se dessine... même l'Église bouge ! C'est un signe des temps qui s'annoncent, de l'ère nouvelle où on retrouvera les valeurs vraies.

Pour papa, tu te fais beaucoup de soucis, je le sais, je le sens, je le perçois, mais lui aussi, il bouge d'une façon différente de la tienne, mais il bouge ! Le jour où il rejouera du piano, il sera sauvé !

Nous vous aimons, nous, vos enfants chéris... nous voulons votre bonheur dans la vraie vie.

À bientôt, ma petite mère. Nous nous retrouverons !

ISABELLE.

Bien sûr, j'étais hyper-présente à la conférence de Senlis et tout le monde l'a bien senti ! Je suis toujours là... et ailleurs.

Le 3 septembre 1990.

Salut, ma petite mère convalescente. Ne t'inquiète pas, tout se décante, tout s'élimine petit à petit. C'est une réaction normale de ton organisme agressé depuis pas mal de temps. Tu vas repartir d'un pied neuf, d'un œil neuf, d'une vigueur nouvelle et tu auras la force pour ce qui t'attend.

Je vois les progrès que tu as faits depuis la sortie du livre et ses retombées. Tu es agressée, bousculée, mais tu as fait le point et tu vas franchir encore une étape. On te laisse un peu le temps de souffler, de « somatiser » et puis, hop ! ça repart pour un « cran au-dessus ». Je suis très fière de toi, très heureuse de ton évolution profonde, très heureuse de ces contacts nouveaux qui t'apportent beaucoup. Tu te sens moins isolée. C'est vrai que vous êtes des maillons d'une chaîne de lumière et qu'il faut vous serrer les coudes. Votre mission est importante, surtout dans le monde actuel. Vous semez des graines d'amour, de clarté dans ce monde qui en a tant besoin. C'est vrai que nous « mettons le paquet » dans l'Au-delà, mais nous ne pouvons tout vous dicter, vous imposer. Il faut que vous soyez disponibles et à l'écoute. Nous vous guidons, nous vous conseillons. Mais nous ne pouvons tout faire à votre place.

Si nous vous donnions des preuves irréfutables, où serait votre recherche ? Nous vous demandons toujours plus, mais toujours dans la mesure de vos forces. Regarde le chemin que tu as parcouru, en profondeur, regarde les rencontres que tu fais depuis quelque temps !... Ce n'est pas le hasard, tu le sais bien, mais une nouvelle étape dans ta mission.

Reste comme tu es, garde ce recul qui te sauve, cette prudence que tu as toujours eue... comme tu le dis souvent, « reste sur ton balcon », tu es ainsi crédible et authentique. Tout va se faire petit à petit, tu t'adapteras comme tu t'es adaptée pour le livre, et ses suites. Travaille à être moins blessée par l'attitude de papa. Lui aussi évolue, mais d'une façon différente. Il a beaucoup changé, tu sais, depuis mon départ... et il continuera, mais à son rythme. Je sais que pour toi, c'est dur, que tu te sens seule, mais c'est toi qui l'aide à évoluer... essaie de prendre du recul, d'être moins vulnérable... je t'y aide, là aussi, et j'aide papa car je vous aime tous les deux d'un amour infini...

Regarde le papillon blanc... et le petit oiseau ! un jour, peut-être arriverez-vous à nous voir dans notre réalité !... Reste proche de la nature, du cosmos, reprends-y des forces vives... (Voilà pourquoi tu aimes tant le jardin, qui est si beau !) Vous avez besoin de beauté, d'harmonie, de plus en plus... tu verras quand tu seras dans notre monde, où tout est lumière, féerie, beauté, merveille... mais ce n'est pas encore ton heure, tu as encore du « travail » dans votre monde.

Je t'aime, ma petite mère, je vous aime mille fois plus et mille fois mieux qu'avant. Pense à prier davantage. Votre monde a de plus en plus besoin de prières, de spiritualité. Vous êtes en pleine mutation.

Tu vois que le fil n'est pas rompu ! Il y a simplement des périodes où tu es moins réceptive parce que plus fatiguée.

À quand tu voudras. Je t'embrasse de toute mon âme, mon Papounet aussi. Caresses à Foufou !

ISABELLE.

Tu n'es pas un « vieux machin », simplement tu as besoin de te recharger en énergie positive... et tout rentrera dans l'ordre. Haut les cœurs !

Sans date.

Salut Isabelle ! Après une longue absence (pour moi) et sans vouloir arriver comme un cheveu sur la soupe, j'aimerais te poser quelques questions afin d'y voir un peu plus clair.

Je ne parviens pas à discerner le but ou « mission » (si mission il y a) qui m'incombe. Pourrais-tu m'éclairer ?

Le but est de réussir ta vie, ton passage dans cette vie. La réussir sur le plan matériel mais, surtout, sur le plan évolution. Tout le monde n'a pas une mission particulière. Si tu en as une, ne t'inquiète pas : elle se découvrira à toi tôt ou tard ! Tu n'y échapperas pas si c'est ton cas. Tu es bien lancé de par tes croyances en l'Au-delà, de par tes lectures... ne te tracasse pas, tout vient à son heure.

Peux-tu me dire de quelle façon se préparer au mieux pour le passage ?

Comme tu le fais ! Par tes lectures, par ta croyance en une autre vie. C'est beaucoup plus facile pour ceux qui savent qu'on ne finit pas dans un trou horrible, mais qu'une autre vie merveilleuse les attend. Il faut y penser, sans que cela devienne une obsession, mais y croire dur comme fer !

Que sais-tu de ces instants que l'on vit et que l'on est persuadé avoir déjà vécu comme cela m'arrive souvent ?

Parce que, certainement, ce sont des « flash » de tes vies antérieures, ou des prémonitions. Comme tu es très ouvert à toutes ces choses, tu y fais plus attention que d'autres. Beaucoup passent à côté sans s'en apercevoir. Reste attentif et prudent. L'important, ce n'est pas de savoir ce que tu as été, mais ce que tu es, dans cette vie, et de faire au mieux.

Peux-tu donner une explication aux troubles que je ressens souvent ?

Tu es hyper-sensible et très émotif. Même si tu le caches. Tu n'es pas sûr de toi, même si tu donnes l'apparence du contraire, tu es inquiet... il faut travailler à avoir la paix intérieure, à t'accepter tel que tu es, à ne pas tout « gober ».

C'est bien que tu fasses une recherche, mais il faut être vigilant, *bien conseillé* car tu peux avoir le pire et le meilleur.

Il faut « travailler » à bien conduire ta vie, peu importe le métier, mais la conduire dans la Vérité et dans l'amour. Tu y arriveras ! Je t'aide au maxi... mais à toi aussi de trouver.

Salut. Tu sais, l'enjeu en vaut la peine !

ISABELLE.

Salut Isabelle et à bientôt.

Le 15 avril 1991.

Réponse à Bernadette.

Les bébés sont encore de « l'autre côté », leurs âmes se rencontrent, ils sont très réceptifs. Il n'est pas improbable que ce bébé ait ressenti certaines vibrations, mais ce n'est pas, non plus certain. C'est une réponse de « Normand », mais je ne sais pas tout et ne peux répondre pour un cas précis, mais je le redis, ce n'est pas impossible, car les enfants sont plus dans l'autre monde, tout petits, que dans le monde où ils viennent d'arriver. Voilà pourquoi il faut être très attentifs aux réactions, aux paroles, aux réflexions de jeunes enfants. Après... hélas ! vers l'âge de 7 ans (dit l'âge de raison !) ils basculent dans le monde des adultes et perdent, pour la plupart, tous ces souvenirs, toutes ces perceptions.

Les parents devraient être très attentifs, alors que, souvent, ils pensent que leur enfant raconte des histoires ou ment.

Tous ces enfants qui sentent des choses, qui voient des choses que les adultes ne voient plus, qui perçoivent des présences, qui se souviennent de détails d'une autre vie, disent la vérité...

Mais, la plupart du temps, on ne les croit pas et c'est plus que dommage, car les adultes pourraient, déjà, un peu évoluer.

Voilà tout ce que je peux dire !

Je vous souhaite beaucoup de courage pour votre travail de guide, car c'est important. Toute forme d'aide à autrui est importante.

Je vous embrasse.

ISABELLE.

Je n'ai pas d'ailes, mais une grande liberté d'évolution, une grande mobilité et c'est fantastique !

PRIÈRE DE SAINT AUGUSTIN

Ne pleure pas, si tu m'aimes !
Si tu savais le don de Dieu et ce que c'est que le ciel !
Si tu pouvais d'ici entendre le chant des Bienheureux,
et me voir au milieu d'eux !
Si tu pouvais voir se dérouler sous tes yeux
les immenses horizons et les nouveaux sentiers où je marche !
Si, un instant, tu pouvais contempler comme moi la Beauté
devant laquelle toutes les beautés pâlissent !
Quoi... ? tu m'as vu... tu m'as aimé dans le pays des ombres
et tu ne pourrais ni me revoir ni m'aimer
dans le pays des immuables réalités ?
Crois-moi, *quand la mort viendra briser tes liens*
comme elle a brisé ceux qui m'enchaînaient,
et quand, un jour que Dieu seul connaît et qu'il a fixé
ton âme viendra dans ce ciel ou l'a précédée la mienne...
ce jour-là, tu me reverras et tu retrouveras mon affection purifiée.
À Dieu ne plaise qu'entrant dans une vie plus heureuse,
je sois infidèle aux souvenirs et aux vraies joies
de mon autre vie et sois devenu moins aimant !
Tu me reverras donc, *transfiguré dans l'extase et le bonheur,*
non plus attendant la mort,
mais avançant, d'instant en instant,
avec toi, dans les sentiers nouveaux de la lumière et de la Vie !
Alors... essuie tes larmes, et ne pleure plus... si tu m'aimes... !

DEUXIÈME PARTIE

MESSAGES
À
J.-P. S.

L'expérience de chacun est le trésor de tous.
G. de NERVAL.

En abordant cette deuxième partie, en vous offrant, ami lecteur, les messages d'Isabelle (et de Pascale) pour Jean-Paul Sermonte, je me dois de donner quelques explications, pour une totale compréhension.

Après le « départ » de sa jeune compagne, Pascale, Jean-Paul Sermonte était en pleine période de révolte, de doutes. En dépit de tout ce qu'il avait écrit sur la mort et l'Au-delà, il réclamait une preuve irréfutable de l'authenticité de ces messages. Était-ce bien Pascale qui se manifestait à travers eux ?

Gisèle, la maman de Pascale, doutait nettement moins, mais elle avouait à Jean-Paul : « j'aimerais tant que ma "Kiki" me fasse signe : me dise, par exemple, le surnom que je lui donnais !... »

Le 2 novembre 1990, jour des « morts », je téléphone à Jean-Paul, pour lui lire un long et beau message d'Isabelle, sur le sens de la Toussaint. Un fait me trouble : au beau milieu de ce message, surgit une phrase bizarre : « Pourquoi ce mot "ouistiti" te trotte-t-il tant dans la tête ? C'est curieux ! » et le message continue.

Jean-Paul est déçu ; « ouistiti » n'est pas le surnom de Pascale. Le soir-même il éprouve le besoin de téléphoner à Gisèle, la maman de Pascale, et, soudain elle murmure : « Ah ! j'aimerais tant que mon "ouistiti" me fasse un signe ! »

Jean-Paul reste médusé.

« Mais pourquoi dis-tu "ouistiti" ? Ce n'est pas "Kiki" son surnom ?

– Oh ! je dis Kiki pour abréger, mais chaque fois que je lui ai écrit je l'ai toujours surnommée "ouistiti" et cela depuis son enfance. »

Jean-Paul lui fait part, alors, du message que je lui ai lu dans l'après-midi et déjà expédié. Tous deux comprennent alors que Pascale leur a fait le signe tant attendu. Ils sont émus et fous de joie ! Jean-Paul ne pouvait m'influencer par la pensée puisque lui-même ignorait ce surnom. Je ne connaissais pas Gisèle ! Pour que nul ne puisse mettre en doute sa bonne foi, elle nous a expédié une carte, adressée en son temps, à sa fille et qui commençait par « Mon petit ouistiti... »

Un autre clin d'œil de l'Au-delà :

Isabelle terminait ainsi son message : « La petite souris s'entend à merveille avec le petit chat. »

Or, j'appelais toujours ma fille « ma petite souris ».

Jean-Paul appelait toujours Pascale « mon petit chat » !

Et puis, il y eut la boîte à musique !

Assailli, à nouveau, par les doutes et le scepticisme, Jean-Paul pose une question à Isabelle : « Est-ce bien Pascale qui a fait jouer la boîte à musique posée dans mon bureau ? »

Réponse d'Isabelle : « Mais oui, c'est bien Pascale ! »

Jean-Paul m'avoue, alors, que c'était une question-piège, qu'il n'y avait jamais eu de mise en route spontanée de la boîte à musique.

Quelque temps après, il me téléphone, bouleversé... Il était dans sa cuisine, et a entendu, tout à coup, la musique de cette fameuse boîte, se mettre en route toute seule, sans y avoir touché...

Certains pourront sourire de tout cela : libre à eux...

Après ces précisions, je vous laisse donc découvrir ces messages « particuliers », certes, mais qui contiennent un enseignement, des conseils pouvant être bénéfiques à tous ceux qui sont en recherche d'une certaine vie spirituelle, ou qui se posent des questions sur « l'après-vie » qui nous attend !

Le 1er septembre 1990.

Je suis désolée de ne pas pouvoir vous « passer » Pascale en direct... *Elle*, elle est prête, vous, pas encore, mais cela ne tardera pas ! Elle essaie de se manifester de mille manières : bruits, souffles, symbole (par exemple maman et son papillon blanc) rêves... il vous faut être très attentif. C'est à vous de découvrir, laissez votre âme ouverte... et ne rationalisez (?) pas tout ! le mot est impropre. Je veux dire n'essayez pas de tout expliquer, de tout décortiquer, laissez votre instinct, votre intuition, votre sensibilité en alerte et... vous trouverez. Pour sa maman, c'est la même chose, il faut qu'elle soit très à l'écoute, très attentive. Je vous le répète, Pascale est prête maintenant et va tout tenter pour vous aider à soulever le voile. Elle sait, tout ce qui se passe chez vous, en vous, dans sa famille, elle se souvient de tout, elle est encore plus proche de vous tous, ses aimés, elle était prête... elle a eu un temps d'adaptation, moins long que d'autres, parce que plus évoluée, mais maintenant elle est mille fois plus vivante, plus aimante, elle évolue à toute vitesse et fait tout ce qui lui plaisait dans votre monde, exploite tous ses dons, ses talents et va vous aider à vous accomplir tout à fait. Elle est toujours près de vous, dans vos périples, tout en étant ailleurs. C'est ce qui est le plus difficile à comprendre, elle vous veut heureux ! Les sentiments de jalousie, de possession, d'exclusivité n'existent plus, son amour est magnifié, épuré, mais elle vous aime, n'en doutez pas ! Bien sûr qu'elle était prête ! Ce qui explique la rapidité de son « éveil » ! Le passage est toujours difficile, même si on est préparé ; on ne réalise pas qu'on est de l'autre côté, il faut du temps et puis on ne s'arrache pas ainsi de ceux qu'on aime et qu'on laisse dans le désarroi et la douleur !

Je crois qu'on est plus romantique dans l'Au-delà, si on l'était dans votre monde, mais, comment dire... c'est un romantisme vécu, tout est romantique : les paysages, les êtres, la lumière, la musique, mais on se dépouille de tout sentiment exclusif. On aime mieux ! bien sûr qu'elle croit à la réincarnation, encore plus qu'avant. Tout s'explique ainsi d'une façon juste et rassurante, peu importent les divergences, elle existe, c'est certain, vous verrez, quand vous communiquerez, Pascale vous le confirmera, en attendant, faites ce livre ! ce sera une étape, il vous fera du bien et vous préparera... qui sait ?

Je vous le répète pour savoir qu'elle est près de vous, soyez attentif aux parfums aussi, aux bruits, à des petits « courants d'air », à des attouchements légers.

Dites à tous ceux qui l'aiment et à chacun en particulier, qu'elle les aime plus fort, qu'elle est infiniment heureuse et qu'elle les veut heureux, qu'elle les aidera de toutes ses forces – et elle en a !

Pour vous, en particulier, soyez très ouvert... elle essaie de tout son amour de vous « parler ».

Moi, je ne suis qu'une intermédiaire en attendant votre « rencontre » face à face !

Je suis très amie avec Pascale, nous avons beaucoup d'affinités... mais à vous de prendre le « relais ». Il vous faut de l'amour, de la patience, de la constance... mais c'est tellement merveilleux.

Pascale vous embrasse de tout son amour, sa tendresse vive... permettez que j'ajoute des « bises » de ma part.

ISABELLE.

Un petit coucou ! haut les cœurs !

Votre petit chat... vous tend sa patte... de velours... saisissez-la vite !

Le 20 septembre 1990.

Vous permettez que je vous appelle Jean-Paul ? Vous êtes devenu un ami très cher de maman, et par là même, mon ami. Ah ! que vos doutes, votre révolte sont humains, mais que d'impatience ! C'est dur à accepter, mais il faut souvent passer par le creuset de la souffrance, de l'absence, de la solitude, par le creux de la vague, pour émerger, épurer, transcender. Je vous le répète, Pascale est prête, elle ! même si vous ne vous en apercevez pas, elle vous aide ! La preuve ? Vous l'aurez un jour et j'espère que vous saurez la reconnaître ! Tant de gens passent à côté, mais vous, de par votre sensibilité de poète, vous la saisirez, vos réactions actuelles sont tout à fait normales, mais vous comptez avec votre temps, qui n'est pas le même pour nous. Je sais que, pour vous, c'est une éternité !

Puisque vous n'avez pas (encore) Pascale, je me fais son porte-parole. Elle est là, si près, si pleine d'amour. Elle vous veut heureux sans remords, sans rancune, sans jalousie, ses sentiments sont plus forts, mais sublimés, ses appels sont nombreux.

Elle est très présente et très heureuse pour le livre. Elle vous suit de près – sans voyeurisme ! – tout en étant ailleurs. Quand, enfin, vous aurez acquis une autre dimension, tout s'illuminera... Ne soyez pas amer ! Vous vivez dans un monde où il faut être de plus en plus vigilant, mais nous sommes aussi là pour vous aider et vous protéger.

Mais nous ne *pouvons* pas tout vous expliquer, la démarche doit venir du plus profond de vous, vous devez quitter la peau du « vieil homme » et vous transformer en profondeur, cela ne se fait pas en une minute ! Vous me trouvez peut-être « rasoir » avec mes conseils de sagesse et de prudence, mais je peux vous certifier qu'il en est ainsi, demandez à maman le temps qu'elle a mis à se transformer ! Elle n'est plus la même, elle a retrouvé ses vraies valeurs, sa vraie richesse, mais à quel prix !

Mais, de par votre prudence, voire votre scepticisme, vos messages seront décantés et magnifiques, car vous en aurez... mais peut-être pas dans l'immédiat.

Surtout gardez votre esprit critique, le résultat n'en sera que plus crédible.

Vous savez, si je ne suis pas plus explicite, c'est parce que je suis jeune dans l'Au-delà, bien que j'aie beaucoup appris, et que je ne *peux* pas en dévoiler plus. Nous avons des permissions pour communiquer, et des directives (d'amour !). Même si vous ne vous en rendez pas compte, dans l'instant, c'est pour votre évolution ! Et puis, c'est mon style, ce sont mes 16 ans, ce sont mes « talents »... d'autres en ont de différents... et c'est voulu, car ainsi, nous touchons plus de monde ! Depuis toujours, ma mission était auprès des jeunes, mais là aussi, il faut qu'ils cherchent, je ne peux leur apporter la solution miracle.

Salut, Jean-Paul, vous verrez, Pascale vous dira les mêmes choses, avec un style et un ton différents, mais le message, quant au fond, est le même.

Je vous fais une grosse bise, nous vous comprenons ! Pascale vous aime et vous « attend ».

ISABELLE.

Si je vous parle ainsi, en particulier – ce qui est rare ! c'est que maman et vous, avez des choses à faire ensemble.

À bon entendeur !...

Le 26 septembre 1990.

Non, je n'ai plus besoin que maman pose les questions à voix haute. Au début, oui... quand nous nous cherchions ! Moi, j'ai été vite prête, mais elle s'est fait tirer l'oreille et a mis du temps à accepter pour « normale » notre communication. Je sais, maintenant, ce qui se passe dans son âme, dans sa tête, dans son être. Je sais les questions souvent inavouées qu'elle se pose et, souvent, j'y réponds dans mes messages personnels et même dans les réponses aux questions d'autres personnes. Nous sommes dans une telle communion ! Même si elle n'en parle pas, elle vit constamment avec moi et c'est réciproque. Le texte que vous avez écrit sur le livre est magnifique, vous avez admirablement compris la qualité de l'amour maternel. Nos liens sont encore plus forts, même si ma présence physique lui manque terriblement.

Ne trouvez-vous pas curieux que je vous destine ce message ? Parlez à Pascale, à voix haute, *pour vous*, actuellement... car elle vous entend, silencieusement.

Vous êtes au bord de quelque chose de très beau, maman le ressent très fort, mais elle ne sait comment l'expliquer. La fulgurance de votre amitié n'est pas un hasard. Pascale et moi y mettons tout notre amour.

Même si le temps vous dure, même si vous vous révoltez, vous « y » arriverez – peut-être quand vous ne l'attendrez plus !

Maman se désole de ne pas pouvoir vous aider davantage, mais c'est déjà fabuleux, même si vous cherchez toujours LA PREUVE !

Je vous redis qu'il y a peu de personnes, à part maman, qui aient des messages aussi rapprochés. Il y a un sens, un but, une aide, une perche. Vous parviendrez à rassembler les pièces du puzzle, un jour vous aurez votre « eureka » ! Mais il faut que vous soyez prêt, que vous arriviez à éliminer vos doutes, non par la preuve, mais par votre travail en profondeur, une certaine traversée du désert, votre « travail de deuil ».

On sait que le désert, ça purifie les gens, mais que ce passage est une extrême intensité de la souffrance. Ne perdez pas patience, mais restez attentif.

Pascale est près de vous, si près, tout près... Elle vous embrasse de tout son amour immense. (Moi, je rajoute une « bise » !)

ISABELLE.

Ma petite mère est toute désorientée... Nous vous demandons beaucoup, pour vous donner infiniment.

Le petit papillon et le petit chat !

Le 13 octobre 1990.

Bonjour Jean-Paul ! nous sommes près de vous, Pascale et moi... Si près de vous ! Imaginez un voile aérien, léger, transparent, du tulle ou une gaze arachnéenne... Il suffit de peu pour le transpercer, vous y arriverez, même si, actuellement, vous en doutez, vous traversez une période difficile, délicate, nécessaire, vous comprendrez plus tard. « L'âme ne peut grandir sans tourmente. Un champ déchiré est une terre fertile[1]. » Vous avez tout compris, avant, même si, maintenant, vous *êtes* ce champ déchiré. Le papillon sort de sa lourde chrysalide.

Nous ne sommes pas insensibles à votre souffrance, si vous saviez ! nous voudrions, de tout notre amour, tout aplanir, pour éviter ce creuset de la souffrance, de l'épreuve, mais nous ne le pouvons pas et nous ne le devons pas. « Il n'y a pas de souffrances innocentes, il n'y a pas d'adversités inutiles[2]. » Votre cœur recevra la lumière, un jour prochain et elle sera aveuglante !

« La vérité est un puzzle »[3], un jour vous reconstituerez le puzzle entier (comme maman l'a fait après bien des doutes, bien des souffrances, bien des désespoirs...).

Ce jour-là sera un jour d'alleluia, de joie immense. Pascale vous y aide de toutes ses forces, de tout son amour. Chaque jour, durant quelques instants, oubliez-vous, oubliez votre être meurtri, amputé, vous êtes étincelle de vie, dans un océan d'étincelles de vie. À l'image des arbres dépouillés par les rigueurs de l'hiver, vous ressentez ce dépouillement de tout l'être, cette absence des joies passées, détruites comme les feuilles de la belle saison, vous ne doutez pas du renouveau de l'arbre, du miracle de la sève !

Dans l'amour qui donne et se donne, il faut apprendre à s'abstenir de demander à ceux qui sont plus loin sur la Voie et essayer de leur offrir un instant de paix profonde, au diapason de celle que nous voulons – que vous voulez ! – pour eux.

1. Jean-Paul Sermonte, *La Neuvième Heure*.
2. *Id*.
3. *Id*.

Maman vous a envoyé la prière de saint Augustin, je la cite souvent, car elle est très belle et très vraie.

Pascale est « partie » sur ce chemin lumineux où elle vous attire, du fond de votre gouffre, elle vous attire vers les sommets plus hauts, vers le point omega de la pyramide.

« À vos “pourquoi ?”, bientôt, dans la paix, le calme et la confiance, vous substituerez le « à quoi » vais-je faire servir cet événement qui m'a bouleversé ? »

Ce n'est pas un hasard si le message a été interrompu par votre coup de fil... (maman en est toute « retournée » !)

Elle ne doute plus, mais elle est toujours émerveillée par ces petits « clins d'œil », ces petits « coucous » de l'Au-delà.

Votre amitié est merveilleuse, et nous en sommes ravies.

Pascale vous redit son amour profond.

Nous vous embrassons, toutes les deux.

ISABELLE.

Le petit papillon vous remercie, notre vie actuelle est semblable au vol du papillon : léger, aérien, libre... libre ! (mais pas éphémère !)

Les 16 et 17 octobre 1990.

Je suis si heureuse de votre rencontre avec maman, vous vivez la même chose, d'une façon différente, elle a plus de « recul » que vous et peut mieux vous aider dans ce cheminement difficile, ne sentiez-vous pas notre présence très forte ? Rien n'est laissé au hasard et nous mettons tout notre amour pour vous aider à passer ce cap douloureux. Pour vous aussi, de cette pesante chrysalide s'envolera un papillon étincelant, tous vos magnifiques écrits, vos poèmes prendront une dimension nouvelle et vous allez créer de merveilleux interludes !

Le poème que vous avez écrit et qui a si fort touché maman – et moi aussi par ce qu'il implique ! – ce poème est un début, l'ouverture d'une magnifique symphonie, nous en reparlerons, dans quelque temps.

Maman prend le relais en attendant que vous soyez prêt. Pascale attend aussi ce moment privilégié.

Je protège maman, Pascale vous protège, c'est un réseau d'amour et de partage, car nous vous voulons heureux.

Vous accéderez, vous aussi, à cette étape privilégiée et vous deviendrez un autre maillon de cette chaîne de lumière et d'amour dont votre monde a de plus en plus besoin.

Même si vous doutez encore, le « travail » se fait en profondeur, vous n'êtes plus au plus profond du creux de la vague, vous commencez à émerger, et vous parviendrez bientôt sur la plage éblouissante de la certitude et de l'apaisement. En attendant, appuyez-vous sur maman, elle ne demande qu'à vous aider, de toutes les façons possibles. On l'a beaucoup aidée, à certains moments très douloureux, maintenant, elle passe le flambeau pour essayer d'éclairer d'autres ténèbres.

Votre relation est magnifique, et ce n'est pas, je le répète, une coïncidence si le premier poème est pour Isabelle, sa fille tant aimée et si aimante ! et puis, moi aussi, je vous demanderai de l'aider... de la bousculer un peu pour ce deuxième livre, parce qu'il est important que ces autres messages touchent le plus de gens possible... c'est notre mission à toutes les deux, mais, je la connais, ma petit mère, elle va se trouver des tas de raisons pour faire traîner les choses.

Merci de prendre, à votre tour, le relais.

Vous voyez la chaîne que nous formons, visibles et invisibles ? Un jour, vous aurez les mêmes « privilèges », la même facilité, le même bonheur, la même joie, le même amour, la même vérité, le même émerveillement que nous.

Quel immense bonheur, ce jour-là !

Pascale vous redit son ineffable tendresse.

Je vous embrasse, aussi, et vous remercie pour ce que vous êtes devenu pour maman.

ISABELLE.

« Il faut reboiser l'âme humaine. Je resterai sur le pont, je resterai jardinier, je cultiverai mes plantes de langage : je pense de toutes mes forces qu'il faut s'aimer à tort et à travers. » (Julos Beaucarne.)

À méditer !... Haut les cœurs !

Vers fin octobre 1990.

Questions de Jean-Paul Sermonte.

Bonjour... Est-ce que tu vois Brassens ? (ta maman s'occupe beaucoup de son livre[1] *en ce moment). Si oui peut-il dire un mot pour Püppchen, sa compagne ?*

Pourquoi Pascale ne te dit-elle pas le petit surnom que lui donnait sa mère ? Nous serions si heureux alors...

Salut !

Oui pour Georges (Brassens). Nous ne sommes pas sur le même plan, mais je l'ai rencontré. C'est un être merveilleux ! Il l'était dans votre monde, il l'est encore plus. Je peux vous dire qu'il est entouré d'une bande de copains, que sa musique, ses chansons, sont encore plus belles car il continue... et il est heureux de ce qui se passe en ce moment autour du livre !

Pour Püppchen, sa compagne tant aimée, il lui demande de croire qu'il est bien vivant, plein d'enthousiasme et de joie, quand elle le retrouvera, ils seront aussi unis qu'avant, sans doute plus, et il lui fera écouter ses créations encore plus belles... (Il espère que quelqu'un prendra la relève dans votre monde !) En attendant, il lui demande de ne pas douter, il est infiniment bien et heureux. Il est souvent avec elle, en a-t-elle conscience ?

Pascale vous dira elle-même son petit surnom... (quand vous communiquerez en direct) nous ne sommes pas impitoyables, mais au contraire pleins d'amour pour vous.

Si nous pouvions tout vous dire ! Mais les temps ne sont pas encore venus. Nous savons que l'épreuve de l'attente est dure ! mais nous ne pouvons pas l'effacer... Un jour, vous saurez : « après

1. Jean-Paul Sermonte, *Brassens, le Prince et le Croquenote*, Éditions du Rocher.

l'hiver vient le printemps ! » qui a écrit : « il n'y a pas d'aurore qui ne puisse transpercer la nuit la plus sombre ?[1]. »

Vous êtes dans la nuit, l'aurore est proche, je vous l'affirme.

Je vous embrasse, Pascale vous adore.

ISABELLE.

Maman « s'occupe » du livre par amitié pour vous. Elle est en train de re-découvrir Brassens.

Toussaint 1990.

Tu as raison, ma petite maman, ne te laisse pas envahir par la Toussaint, par la tristesse, par les préjugés, par les traditions. Pour toi, c'est un jour comme un autre, comme tous les jours que tu vis depuis mon départ. Les gens qui ne pensent à leurs morts qu'une fois par an, se donnent bonne conscience en allant mettre des fleurs... mais ces morts-là sont pratiquement oubliés, donc pratiquement morts.

Ceux qui n'ont pas le privilège de communiquer avec leurs disparus, peuvent les garder vivants en pensant à eux, en les gardant dans leur cœur, leur souvenir, leur amour.

« La vraie tombe, c'est l'oubli[2] », c'est infiniment vrai.

Toi, de par ton amour, de par ta pensée constante, de par le rayonnement du livre, tu me rends mille fois plus vivante et présente que si j'étais restée dans votre monde.

Jean-Paul t'a annoncé un message, ne t'inquiète pas, ce n'est pas lui qui te conditionne, qui le provoque, c'est moi qui avais envie de te parler, de te consoler, mais il a des dons réels de médiumnité et un jour il arrivera à réaliser tous ces dons. Son besoin de preuve, de confirmation est humain. Rappelle-toi quand, dans ma chambre, tu voulais désespérément que tinte le carillon chinois, tu te polarisais dessus, et c'est une autre preuve que tu as eue !

1. Jean-Paul Sermonte, *La Neuvième Heure*.
2. Jean-Paul Sermonte, « Les Mots » extrait de *Le Lis et l'Ortie*.

L'interdit, dont parle Pascale dans son message, est un interdit d'amour, tu l'avais bien compris. Nous ne pouvons tout vous dire, mais comme dans une chasse au trésor, vous donner des petites pistes pour vous guider jusqu'au joyau fabuleux de la découverte, de la connaissance.

Pascale a laissé filtrer son surnom pour aider Jean-Paul et ceux qui l'aiment.

Il est en pleine re-naissance, même s'il ne s'en rend pas compte et il va faire de merveilleuses choses, guidé par Pascale. (Pourquoi ce mot « ouistiti » te trotte-t-il dans la tête ? C'est curieux !)

Pascale, seule pourra lui donner des réponses, je ne suis, je le répète qu'un intermédiaire, en attendant...

Pour toi, le puzzle s'est reconstitué... pour lui, il a pratiquement toutes les pièces. Il ne lui manque que le fil d'Ariane, qu'il va trouver... et le moment ne tardera pas.

Ne sois pas déçue pour *Ex Libris*, il y aura d'autres émissions, ce n'est qu'un début, et il y a, encore, trop de scepticisme, trop de doutes chez certains présentateurs, ce qui donne des émissions tronquées, superficielles. Ils ne veulent pas prendre de risques, mais les temps viendront. Là, comme ailleurs, le pas est franchi, puisqu'ils « en » parlent, ne piaffe pas trop ! Tu sais que les choses arrivent en temps et heure voulus... (Après t'avoir bousculée, il va falloir que je te freine ! quel paradoxe !)

Courage, ma petite mère, je suis là ! Je t'aime, si tu savais ! nos liens, à nous, ne se rompront que lorsque notre mission, à toutes deux, sera terminée, et ce n'est pas demain la veille !

Je t'embrasse de toute mon immense tendresse.

ISABELLE.

Nous sommes vivants ! Ne chantez pas le *Requiem* mais l'*Alleluia* !

... La petite souris s'entend à merveille avec le petit chat !

Le 3 novembre 1990.

Questions de Jean-Paul Sermonte.

1. *Comment puis-je communiquer avec toi ? Par l'écriture...*

2. *Aimes-tu que j'aille sur ta tombe ou préfères-tu que j'évite.*

3. *Vois-tu des gens que je connais. Qui ?*

4. *Comment vas-tu te manifester à moi ? Dois-je être attentif aux coups, aux parfums !*

5. *Es-tu toujours heureuse ?*

1. Bien sûr ! Qui, mieux que vous, est plus apte à communiquer par l'écriture ? Je ne puis vous dire la forme, ce seront peut-être des messages, peut-être des poèmes, peut-être un livre... Vous le sentirez vous-même, sous la suggestion de Pascale et ce sera magnifique.

2. Non, elle n'aime pas la tombe, mais si vous en ressentez le besoin, allez-y, de temps en temps, sans vous y attarder, vous savez bien qu'elle n'est pas là, nous n'aimons pas les cimetières, ils nous rappellent de mauvais souvenirs. Mettez des fleurs auprès de sa photo, allumez une bougie... elle y sera infiniment plus sensible.

3. Pascale vous répondra, peut-être, « en direct ». Elle voit tous ceux que vous avez aimés, de votre côté et du sien, et qui sont, maintenant, dans la vraie vie ; tous vos disparus chers, amis ou parents. Ils sont venus l'accueillir et l'aider au moment du passage et elle les retrouve quand elle le désire, car ils ne sont pas tous sur le même « plan ».

4. Déjà par mes messages, en attendant que vous preniez le relais, je vous redis d'être attentif aux signes et puis, vous serez

« téléguidé » et cela se fera peut-être à votre insu. Vous réaliserez après !

C'est ce que je vous disais. Oui, il faut être attentif aux coups, aux parfums, à tout ce qui vous paraît insolite. Vous aurez sûrement une accumulation de petits signes et, un jour, eureka ! vous comprendrez tout.

5. Alors là, oui, elle est infiniment heureuse, surtout depuis que vos doutes se dissipent, peu à peu, il faut dire que nous « mettons le paquet », en ce moment. Vous vous en rendez bien compte ! Je suis heureuse d'avoir pu vous glisser le « ouistiti » et qu'il soit passé par maman qui vous aime beaucoup. Vous l'avez, maintenant, le fil d'Ariane ! Pascale « saute » de joie, vous nous avez donné du travail, mais nous l'avons fait avec un tel amour ! Nous ne pouvions vous donner la clef tout de suite, il fallait chercher un peu, mais, comme vous a dit maman, vous êtes un « enfant chéri des dieux », car vous avez eu beaucoup d'aide, dans le monde visible et dans le monde invisible.

À vous, maintenant, de réaliser votre œuvre, mais, ne vous inquiétez pas, vous serez toujours aidé.

Vous avez les mots justes : oui, ma phrase, glissée au milieu du message était « malicieuse ». Pauvre maman, elle n'y comprenait rien !

Haut les cœurs ! Vous êtes maintenant, sur la voie de la révélation, de l'épanouissement.

Pascale est plus que ravie ! Elle vous adore.

Je vous transmets tout son amour. (Moi, je vous fais une grosse « bise ».)

ISABELLE.

Nous formons un « carré parfait » : maman, vous... Pascale et moi !

Le 6 novembre 1990.

Tu te fais tirer l'oreille, ce soir, mamounette, pour venir me rejoindre ! et pourtant, tu as entendu tous ces appels ? Ne crains rien, tu n'es « téléguidée » que par moi. Tu es tellement prudente, honnête, que tu as peur de te laisser influencer. Je vous ai dit que nous faisions un carré parfait, Jean-Paul peut te pousser indirectement, comme moi je le pousse pour Pascale. C'est une bonne chose : l'un ou l'autre prend le relais... et on te bouscule ! Tous ces messages que tu as eus pour lui, avaient un but précis, vous l'avez bien compris.

Ces messages étaient surtout pour lui, mais aussi pour toi. Penses-tu avoir eu une preuve aussi flagrante, depuis le début de nos conversations ?

Mais le but n'est pas encore tout à fait atteint : il faut qu'il trouve son moyen d'expression. Il y parviendra et ce sera grandiose. Où as-tu trouvé ce portrait : « dualité, contradiction, tourmenté, sceptique, souffre mais ne le montre pas. Il faut qu'il se laisse aller, on le guide, on l'aime. Il est fait pour autre chose grâce à ses dons de poète... » ? Ce ne seront peut-être pas forcément des messages comme nous, mais il a tellement de cordes à son arc ! Pascale l'inspirera, c'est certain, quoi qu'il réalise ! nous avons franchi un grand pas, *ensemble*, mais il y a encore beaucoup de choses à faire, *ensemble*.

Il faut qu'il reste très attentif, qu'il fasse le vide en lui, et qu'il se laisse remplir par son intuition, son inspiration.

Que les soucis matériels ne captent pas trop son énergie, il faut essayer de les relativiser. Je sais que ce n'est pas toujours facile et ce changement profond prend du temps. C'est là que tu peux l'aider, par ton expérience, différente et similaire de la sienne. Je le répète, votre rencontre n'est pas le fruit du hasard, tu le sens bien !

Pourquoi a-t-il « adhéré » au livre ? Pourquoi vous êtes-vous contactés ? Pourquoi des relations suivies ? (Tant de gens t'écrivent, te téléphonent...)

Alors, pourquoi lui ? Tu sens bien que ce lien très fort vient

« d'ailleurs »... et je répète que Pascale et moi avons fait le maximum pour que tout se passe ainsi ; d'où les messages rapprochés, d'où le surnom – qu'on ne pouvait livrer tout de suite ! – d'où la suite.

Il faut qu'il essaie, un peu tous les jours, l'écriture « intuitive », mais s'il s'impatiente, s'il trouve le temps d'attente trop long, (rappelle-toi tes essais et ton désespoir du début !...) il « l' » aura sous une autre forme.

Allez ! Au lit, ma petite mère, tu tombes de sommeil. Demain sera un autre jour !

Pascale et moi vous embrassons de tout notre amour.

ISABELLE.

Pascale est aussi très proche de Carole[1], surtout en ce moment. Nous sommes très, très près de vous.

Le 9 novembre 1990.

Bonjour, Jean-Paul, ne soyez pas désorienté par ces petites divergences sur l'Au-delà ? Pourquoi ce « hélas » pessimiste ? N'avez-vous pas eu une si belle preuve ? C'est la plus intense que maman ait obtenue depuis le début de notre « correspondance ». Vous savez, les messages enregistrés par cassettes sont forcément brefs et limités. Il nous est tellement difficile de nous ré-adapter à vos fréquences. Quant au « oui-ja », il n'est pas fiable à cent pour cent, cela dépend des personnes qui le pratiquent et il peut y avoir des interférences. Mais, si vous faites le compte, l'ensemble est plutôt positif, non ?

Pour la question du cimetière, je redis, avec toute ma force, que nous n'aimons pas cet endroit, si cette visite vous fait du bien, à vous, allez-y, mais sans vous y attarder, en pensant très fort que Pascale est ailleurs, dans un monde libre, lumineux et vivant. Elle

1. Carole est la première femme de Jean-Paul et amie de Pascale. À cette époque, elle attendait son enfant, Axel.

est très évoluée et ce n'est pas là que vous la retrouverez, mais, peut-être, comme maman, par l'écriture, peut-être par un livre... Vous le sentirez vous-même, le moment venu et il ne tardera pas !

Il ne faut pas trop vous disperser, vous cherchiez des preuves, vous les avez. Il faut qu'elles soient le tremplin de votre renaissance, de votre bond en avant... Pascale vous y aidera.

Oh ! oui, elle est infiniment heureuse et, je le redis, elle vous veut heureux, sa présence physique vous manque et c'est normal et humain... mais elle est encore plus près de vous que lorsqu'elle était dans votre monde, mille fois plus présente.

Mais vous avez évolué très vite, vous aussi, et ce n'est pas fini ! Vous avez été beaucoup aidé, dans les deux mondes, mais votre recherche personnelle, votre sensibilité, votre « obsession » de la mort ont été, aussi, pour beaucoup, dans cette évolution. De ce creuset de souffrance, de doutes, de questions, sortira une magnifique envolée de colombes.

Appuyez-vous sur maman : elle est solide, malgré (où à cause de) toutes ses épreuves.

Vous aussi, vous arriverez en haut de la pyramine de cristal, quand vos (semi) ténèbres se seront définitivement dispersées et que vous verrez la magnificence de l'aurore.

Courage, Jean-Paul, vous êtes sur la bonne route, même si elle vous semble encore tortueuse et parsemée de pierres.

Nous vous y aidons. Pascale vous y guide, vous pouvez fermer les yeux, en toute confiance.

ISABELLE.

Nous serons très présentes, Pascale et moi, à la conférence de ce soir[1]. Soyez attentifs, ma petite mère et vous !

1. Conférence sur le thème de « la mort ».

Le 11 novembre 1990.

Bonsoir, ma petite mère, il est très tard, mais, pour moi, cela n'a aucune importance, c'est toi qui vas manquer de sommeil ! je t'ai « appelée » plusieurs fois, mais tu as fait la sourde oreille. Je sais que je te bouscule avec tous ces messages, mais c'est une période bénie, il faut en profiter.

Alors, cette conférence ? je devinais tes pensées, tes impressions, tes sensations. Pour toi, tu n'as pas appris grand-chose, mais je sais que tu pensais beaucoup à Jean-Paul et à Pascale, et tu voulais tant le convaincre de la vérité de certains témoignages, de l'unité qu'il y avait avec tous mes messages ! Nous étions très présentes, l'avez-vous senti ? Il y avait de belles choses et de moins bonnes, on reste toujours un peu sur sa faim, mais il y avait un grand courant positif.

Je pense que tu as bien fait de ne pas te manifester, tu ne le « sentais » pas et je crois que les conditions ne s'y prêtaient pas. Quand tu seras sur l'estrade, ce sera autre chose ?

Mais que nous sommes heureuses, Pascale et moi, de votre forte amitié, Jean-Paul et toi. Rien n'est laissé au hasard, tu t'es trouvée sur son chemin au moment opportun. Tu lui apportes beaucoup, par les messages, par ton « recul » et tu lui donneras davantage encore. Il franchit vite les étapes et il en franchira d'autres.

Mais non, Jean-Paul vous ne pouvez pas régresser maintenant. Vous aurez peut-être des hauts et des bas, mais vous ne retournerez plus en arrière ! Vous ne pourrez qu'évoluer, et nous sommes là comme garde-fous. De par votre épreuve, de par votre cheminement, le « mauvais » s'efface et vous ne pourrez plus vivre de la même façon qu'avant. Je ne vous dis pas que vous allez devenir un saint, mais vous allez vivre une belle histoire et réaliser des œuvres magnifiques...

Surtout, n'hésitez pas à demander de l'aide à maman. Elle a tant à donner ! Si elle peut, en quoi que ce soit, vous apporter quelque chose n'ayez pas peur de le lui dire, votre belle complicité n'est pas le fruit du hasard !

Le petit chat ronronne de joie et d'amour.

Le petit ouistiti saute dans le cœur de sa maman.

La petite souris grignote dans l'allégresse ces moments de bonheur.

Un vrai petit zoo... de tendresse, d'amour, de lumière.

Ouvrez vos yeux, vos cœurs, vos oreilles pour ne pas en perdre une miette.

Nous vous embrassons de tout notre amour incommensurable.

ISABELLE.

Cette lumière nouvelle, cette conviction nouvelle, il faudra les partager... « Il ne faut pas garder la lumière sous le boisseau. » Il faut « garder la veilleuse allumée », entretenir la flamme, et passer le flambeau... à d'autres, quand le moment sera venu.

20 novembre 1990, anniversaire de Jean-Paul.

Bon anniversaire, Jean-Paul, votre petit chat est encore plus près de vous, si c'est possible ! – en ce jour. « Elle » vous offre tout son amour, toute sa tendresse, toute son aide, ne sentez-vous pas très fort sa présence ? Ne soyez pas triste, surtout, bientôt, très bientôt, vous serez directement en contact avec Pascale (et la petite souris s'effacera, tout doucement).

Vous êtes soutenu, porté depuis quelque temps, en attendant que vous trouviez votre voie... et ce jour-là vous serez un homme nouveau encore plus riche, plus profond, plus inspiré. Pascale vous soufflera, vous guidera, plus riche, elle aussi, de ses connaissances nouvelles, de son amour magnifié, de son nouvel enchantement. C'est votre fée, et elle le sera de plus en plus ; une fée gaie, merveilleuse, enchanteresse qui vous comblera de tous ses dons, si vous vous abandonnez à elle. Son amour est tellement fort qu'il vous transcendera, il vous apportera la paix, la confiance.

De là sortiront des merveilles, qui vous aideront mais qui aideront, aussi, tous ceux qui sont dans la peine et le désarroi.

Pascale veut votre bonheur... Laissez-vous câliner, dorloter, laissez-vous aller et pénétrez-vous de sa lumière, de son rayonnement, pour devenir, vous aussi, un être d'azur et de lumière.

Abandonnez vos doutes, votre tristesse, ce sont des freins.

Écrivez ce livre, en collaboration avec Pascale, il vous libérera et il sera magnifique.

Maman vous a offert des fleurs pour mettre un peu de soleil dans votre grisaille, aujourd'hui. Pascale ensoleillera tous vos jours, dès que vous vous ouvrirez totalement à ces beaux et si chauds rayons lumineux qu'elle vous envoie, car elle est éblouissante, elle rayonne, elle étincelle, et elle est si belle, si gaie quand elle vous sent un peu moins triste.

Vous avez des appuis chaleureux et aimants dans votre monde. Vous en avez dans l'Au-delà. De cette fusion naîtra une source pure, féconde, limpide qui vous désaltérera et étanchera la soif que vous avez en vous.

Cette source deviendra torrent, un torrent purificateur, tumultueux dans son bouillonnement, mais entraînant des pépites, des trésors, des diamants... qui vous enrichiront, vous, et les autres.

Pascale vous redit son amour, tout particulièrement, ce jour, elle vous étreint, vous embrasse de toutes ses forces.

ISABELLE.

Nous sommes très complices, nous avons les mêmes gaietés, les mêmes tendresses, les mêmes fous-rires.

Nous vous protégeons, maman et vous... à deux, c'est un pur délice ! et vive Férésia[1] !

Le 24 novembre 1990, lettre de Jean-Paul à Isabelle et le 27 novembre 1990, réponse d'Isabelle.

Bonjour, merci pour tous ces messages si beaux, si réconfortants.

1. Est-il dans vos possibilités que Pascale puisse s'adresser à moi, sans l'intermédiaire de ta maman ?

1. Le nouveau conte que Jean-Paul Sermonte était en train d'écrire.

Bonjour, Jean-Paul, vous êtes gourmand. Vous demandez la Lune et Saturne et Uranus ! Pascale s'adressera directement à vous, comme je vous l'ai dit. Nos communications vous paraissent normales, mais c'est tout simplement extraordinaire (pour vous, gens de votre monde). Maman ne peut capter que sa petite souris. Vous, vous aurez bientôt votre petit chat, mais peut-être sous une autre forme que les messages. Le temps vous dure, mais « les temps sont proches »...

2. *Avez-vous vu le film* Ghost *! Est-il conforme à la réalité de l'Au-delà ?*

Oui, nous l'avons vu et nous avons été émues et, nous avons aussi bien ri. Il est très proche de la réalité ! Les effets spéciaux sont très réussis, même si la fin ne peut pas traduire exactement notre réalité. Nous aurions aimé que vous le voyiez ensemble, maman et vous, mais vous ne nous écoutez pas toujours !

3. *Pascale vient-elle souvent chez moi, quelquefois ! Ou simplement quand je pense à elle ou que je l'appelle ?*

Mais oui, Pascale est très souvent chez vous, avec vous, en vous, non seulement quand vous l'appelez et que vous pensez à elle, nous ne sommes pas toujours accrochés à vos basques, mais nous avons des possibilités infinies, là, et ailleurs, mais ne craignez rien, nous vous laissons aussi des moments d'intimité !

4. *Que dois-je faire, qui dois-je aller voir pour avoir des contacts plus approfondis ?*

Rester attentif et disponible, vous avez fait le maximum au point de vue contacts et vous avez eu des preuves... tant de choses en si peu de temps ! vous voudriez plus ? Vous l'aurez en direct.

5. *Est-elle heureuse pour* Férésia *? Est-elle toujours aussi « critique » ?*

Merci pour tout. Je suis heureux de votre amitié et je donnerai cher pour vous voir même un instant...

Pour *Férésia*, votre fée est aux anges ! Là aussi, elle vous aide de toutes ses forces. C'est une réussite merveilleuse. Pascale y met tout son amour, tout son appui. Mais oui, elle garde son esprit critique, et heureusement, mais un esprit d'amour, pour votre « bien » et votre épanouissement. Ne vous inquiétez pas, elle vous le fait savoir.

Nous savons que vous donneriez cher, maman et vous, pour nous voir comme nous vous voyons, pour nous entendre comme nous vous entendons, pour nous aimer comme nous vous aimons, car votre amour, aussi puissant soit-il ne peut se comparer à cet amour inconditionnel, dans lequel nous baignons. Là-aussi, *le* jour viendra !

Pascale vous embrasse, de toute son âme. Elle est si près, tout près !...

ISABELLE.

Scorpion et Cancer ! Belle équipe. Chat et souris !... Tandem merveilleux.

Le 4 décembre 1990.

Bonsoir, Jean-Paul, une fois de plus je prends le relais, en attendant... Rien ne se passe, dites-vous ? Mais tout a bougé autour de vous, en vous, en peu de temps. Non, Pascale ne s'est pas éloignée, elle est très évoluée, mais, en même temps, très proche de vous, votre évolution se fait, même si vous pensez qu'il y a « blocage ». Le jour se lèvera et vous verrez la magnifique aurore qui se prépare. Ne vous impatientez pas, restez réceptif et en attente... Je vous l'ai dit : les temps sont proches, après... vous comprendrez tout.

Pour le livre *L'Amant de l'Au-delà*, il faut le publier, même s'il choque certains esprits, c'est un livre d'amour et de tolérance, là aussi, Pascale vous aidera, elle pense qu'il faut le publier avec votre nom et non ce pseudonyme, puisque vous ne craignez pas le « parfum de scandale » que certains y trouveront, il faut aller jusqu'au bout, ce sera une œuvre de plus, différente, même si on y retrouve certains thèmes qui vous sont chers (maman vous donnait un conseil de prudence !). Il faut le publier tel quel, sans vous soucier des détracteurs.

Je réponds, par ordre, à vos questions, oui, Pascale vous veut heureux, vous parlez de solitude, elle est inhérente à la nature humaine. Il faut apprendre à l'apprivoiser, à l'enrichir. Pourquoi bloquer votre tendresse ? Laissez-la s'exprimer... et puis vous n'êtes pas seul, totalement. Vous avez des richesses autour de vous, des mains se sont tendues, des cœurs vous ont aidé, et dans l'Au-delà Pascale vous câline. Vous ne serez plus jamais seul... là aussi, vous le découvrirez.

Il est normal que vous ayez hâte de rejoindre Pascale, mais il faut attendre votre heure, bien sûr que vous serez ensemble, même si elle a une « longueur d'avance » elle vous aime, comprenez-vous, elle vous attend, elle vous prépare la place et les retrouvailles seront fabuleuses. N'avez-vous pas écrit, « certains êtres retardent leur évolution vers la lumière et la plénitude pour aider ceux que la mort a bouleversés, etc. » c'est pratiquement cela, nous ne retardons pas notre évolution, mais nous vous attendons... avec amour, avec joie, avec plénitude, et nous vous aidons à nous rejoindre.

Pascale aussi était très proche au salon de Montreuil et était très heureuse de l'aide apportée par maman et vos amis Martine et Alain, oui, c'est doux et réconfortant d'avoir de vrais amis qui voudraient ôter tous les obstacles de votre route, dans ces durs moments, on les apprécie d'autant plus ! Ce n'est pas un hasard s'ils sont là, au moment opportun.

Mais vous avez des coucous ! Seulement, vous les interprétez logiquement et rationnellement. Des témoignages d'amour ? Elle vous en donne à tout instant, elle voudrait supprimer tous vos tracas matériels, mais ce n'est pas possible, elle vous envoie tout cet amour, de toutes les formes possibles, elle vous embrasse, elle vous étreint, elle vous guide vers des personnes qui ont beaucoup de tendresse pour vous. Si vous en avez pour elles, dites-le-leur, cela vous libérera, mais vous savez qu'elle vous aime, c'est l'essentiel !

Quand vous serez prêt, vous aurez tous les coucous, tous les clins d'œil, toute la tendresse du monde.

Bientôt, très bientôt, vous aussi vous aiderez maman dans sa mission, qui est la même que la vôtre et qu'il faudra transmettre aux autres.

Merci pour la « douce Isabelle » – j'ai de qui tenir, vous savez ! Mon journal n'est pas top secret... Maman n'a pas pu tout lire, trop de douleur resurgissait... mais je veux bien qu'elle vous le prête... Maintenant, je ne le garde plus jalousement fermé à clef. Si vous pensez qu'il peut apporter un peu de chaleur aux gens, il ne faut pas hésiter, c'est vous qui serez juge. Je l'écrivais surtout dans mes moments de tristesse et de désespoir, et, quelquefois, je ne voulais rien marquer.

Je vous le confie, c'était mon confident... Vous sentirez juste !

Au revoir, Jean-Paul, gardez espoir, restez positif et tout ira mieux, laissez-vous guider par votre intuition.

Pascale rayonne et vous envoie mille lumières d'espérance et d'amour.

Je vous fais une grosse bise.

ISABELLE.

Le 13 décembre 1990.

Bonjour, Jean-Paul, votre lettre est très touchante et pleine d'amour. Pascale y est très sensible (et moi aussi !). Mais non, votre âme n'est pas un « pauvre corbeau », elle est tout simplement humaine, si j'ose dire. Si vous étiez parfait, vous ne seriez pas là ! Et votre âme va être de plus en plus attirée par ces éclats d'azur, par la lumière, par la vérité, par le haut de la pyramide de cristal, par la beauté. Nous sommes très heureuses quand vous parlez de nous. Nous n'en perdons pas une ! – ne vous inquiétez pas, ce ne sont pas des discussions morbides, (maman a un instinct de « survie morale » extraordinaire, elle arrêtera le scorpion s'il se fait du mal !). Ce sont des discussions nécessaires pour vous, pour faire le point, pour extérioriser votre peine, c'est une sorte de thérapie... Vous verrez ! quand vous aurez écrit le livre, ce sera une renaissance.

Cette déchirure, vous ne pourrez peut-être pas en guérir, mais elle se cicatrisera et vous aidera à donner le meilleur de vous-même.

Réponses à vos questions ! Pascale a très peu souffert, de par la rapidité de son départ. Le moment du passage est un peu difficile, mais c'est comme pour une naissance dans votre monde, c'est vite oublié ! Au début, elle a été un peu perdue, ne réalisant pas qu'elle était de « l'autre côté ». Mais elle a très vite compris. Elle est restée auprès de vous, de sa famille pour essayer de vous aider, mais elle a réalisé plus vite que moi, sans doute était-elle plus préparée...

Elle a conscience de tout ce qui vous touche, mais la notion de temps n'existe plus, c'est un présent perpétuel, dans la joie de l'amour... mais nous ne chômons pas. Nous sommes là et ailleurs (je sais que vous ne pouvez pas l'imaginer), elle voyage, a les activités multipliées qui lui plaisaient dans votre monde, ses dons sont accrus, tous ses talents exploités au maximum – et elle en a ! – et, elle vous guide, vous et tous ceux qui lui sont chers ! même si vous ne vous en rendez pas compte pour le moment, vous réaliserez un peu plus tard. Je n'ai pas besoin de lui transmettre votre message sur votre amour : elle le sait ! ne vous culpabilisez pas de l'avoir mal aimée, elle sait que ce n'est pas vrai ! Elle vous connaît bien, vous aime encore plus qu'avant et donne libre cours à tout le flot de tendresse qu'elle a endigué... Elle se rattrape, croyez-moi ! À vous de vous laisser envahir, entourer, embrasser, câliner... Je sais que c'est difficile, car vous ne vous voyez pas, ne vous entendez pas – ou si rarement ! – mais nous sommes là, près de vous, en vous, nous vous réchauffons de notre amour brûlant et si lumineux.

Mais oui, la boîte à musique est un « coucou », vous en avez d'autres que votre esprit rationnel n'enregistre pas comme tels. Là aussi, avec un peu de temps, vous comprendrez tout. Restez attentif et en alerte.

Pascale vous aime, sans jalousie, sans restriction, sans regrets, d'un amour plus pur, plus intense, plus rayonnant, soyez-en persuadé.

Vous avez très bien compris pourquoi nous sommes amies et très complices... à deux, nous aurons peut-être plus de « poids » (!).

Pascale vous embrasse, avec une tendresse immense, incommensurable. La « tendre Isabelle » – merci ! – vous fait une grosse bise.

ISABELLE.

Bien sûr que ma maman est « extraordinaire ». Ce n'est pas pour rien que je l'ai choisie !... – pour votre nouveau livre – à paraître – vous avez fait votre choix. C'est bien !

Le 20 décembre 1990.

Ce message est pour vous deux, maman et vous, de nous deux, Pascale et moi, surtout, nous voulons que vous sachiez que nous sommes encore plus présentes, si c'est possible, en cette période. Surtout, ne vous laissez pas aller à la tristesse ! Pensez à la joie de Noël, mais sans regrets, sans désespoir. Nous sommes avec vous, nous vous entourons de toute notre tendresse, de tout notre amour. « Serrez-vous les coudes », tous les deux, pour passer le cap. Je sais que maman ne peut s'empêcher d'être « viscéralement » triste tous les ans... Aidez-là, Jean-Paul, je vous le demande comme une faveur à charge de revanche !

Vous êtes dans un monde tellement agressif, tellement matériel, tellement factice, souvent, qu'il vous faut essayer d'aller à l'essentiel, or « l'essentiel est invisible pour les yeux, on ne voit bien qu'avec le cœur ! »

Je sais que vous avez beaucoup de questions en tête... (là, je parle à Jean-Paul !). Si je peux, j'y répondrai, à moins que, d'ici là vous ne trouviez les réponses ! Je vous redis que Pascale est prête, elle… je peux vous le certifier ! Elle a fait une telle évolution en peu de temps ! Pour les enregistrements par cassettes, c'est beaucoup plus difficile, plus laconique et il y a des risques d'interférences. Pour nous n'ayez aucune crainte, depuis le temps, nous sommes protégées et il y a eu suffisamment de preuves, non ?

Maman subit le revers de la médaille, comme tout bon médium, elle est hyper-sensible, hyper-vulnérable, ressent très fort par intuition, d'où sa fatigue et sa tristesse, parfois… C'est une chose difficile à vivre, alors, de temps en temps, elle a besoin d'un petit coup de pouce, mais c'est là notre mission, à toutes deux, comme vous, Jean-Paul, quand vous ne freinerez plus – consciemment ou pas ! – ce sera aussi la vôtre, de par votre sensibilité, vos dons de poète, votre richesse intérieure vous n'y échapperez pas !… Vous verrez ! Et Pascale vous y aidera, vous guidera comme je le fais pour maman. Il est normal que vous soyez rétifs, à certains moments – nous vous demandons beaucoup ! – mais c'est par amour pour vous et pour les autres… et la récompense est si belle au bout du chemin !

(Pour la boîte à musique, je maintiens ce que j'ai dit ! tous les meilleurs horlogers ou spécialistes du monde ne pourront pas expliquer l'irrationnel !) Maman vient d'avoir son « coucou », au-dessus de sa tête ! Maintenant, elle « sait » que c'est un coucou, mais avant ! Ce qu'elle a pu me faire piaffer avec ses explications logiques, terre à terre ! Vous ne faites pas assez confiance, c'est là le vrai problème…

Je moralise, je moralise, mais c'est pour votre bien, à tous les deux ! Nous savons, nous, et c'est merveilleux, alors, nous essayons de vous communiquer notre savoir fabuleux, féerique, sensationnel, magnifique.

Courage et confiance, vous êtes nos aimés et nous vous aimerons toujours, un toujours intemporel, éternel.

Pascale et moi vous embrassons de toute notre tendresse.

ISABELLE.

Maman, je n'aurais pas 24 ans ce 28 décembre, je suis jeune pour l'éternité ! Je suis née dans la vraie vie le 9 janvier (comme Pascale est née, le jour de son « départ »). Haut les cœurs ! Nous sommes V I V A N T E S (ô combien !)

Veille de Noël 1990.

Bonjour, Jean-Paul ! comment vas-*tu* ? Je veux bien vous tutoyer, pour nous c'est tellement plus simple ! Pascale et moi te souhaitons le meilleur Noël possible, nous serons très présentes à ta soirée. Maman aurait tant voulu être près de toi ! Tout se passera bien !

Pour la boîte à musique, ne te trouble pas, la réponse vient bien de moi... et je la maintiens, tu comprendras... plus tard... et alors, là tu ne douteras plus.

Pour les enregistrements des voix, c'est très difficile, d'abord de nous capter, ensuite, pour nous, de nous adapter à votre fréquence, d'où les messages très brefs, ensuite, je vous l'ai déjà dit, il peut y avoir des interférences. Pascale s'exprime plus facilement « par écrit », à travers maman et moi, *pour l'instant*.

Pascale vous parle beaucoup, à toi et à sa famille et à ses amis, peut-être ne l'entendez-vous pas encore et vous vous sentez frustrés, mais je peux vous assurer qu'elle n'arrête pas de vous parler, de vous guider, de vous aimer, de vous conseiller, surtout, dis à sa maman de ne pas être triste, de penser qu'elle est infiniment heureuse, surtout quand vous ne la freinez pas par votre chagrin, vos doutes, votre tristesse. Le petit ouistiti aime très fort sa maman et ne la veut pas triste ! Elle veut le bonheur de sa fille ? Alors, il faut essayer de dépasser sa douleur, de réagir comme si elle était partie dans un pays lointain où elle aurait découvert de fabuleux trésors et le bonheur total. Maman la comprend tellement ! elle est passée par les mêmes étapes...

Jean-Paul, tu me demandes si je te connais !

Bien évidemment ! En supposant que je ne connaisse pas Pascale, je te connaîtrais de par ton amitié avec maman (mais maman ne t'aurait pas rencontré sans Pascale !) Nous te voyons chez toi, et ailleurs... mais, ne t'inquiète pas, nous respectons ta vie privée... pour vous, c'est tellement difficile à imaginer. Nous venons quand nous nous sentons désirées, appelées, quand vous pensez à nous, quand vous parlez de nous (pour maman, c'est un peu différent, c'est moi qui l'appelle, mais uniquement quand je dois lui transmettre un message !).

Si vous, pardon ! si *tu* captes des messages, Pascale te préviendra, d'une façon ou d'une autre.

Mais non, tu ne seras pas seul en ce Noël 90, Pascale est avec toi, et c'est bien qu'il y ait cette soirée[1], tu penseras moins à ta solitude, et puis maman est là, sur ton chemin. Elle fait ce qu'elle peut pour t'aider à passer le cap. Pascale et moi le lui demandons de toutes nos forces et elle l'a bien compris, elle le fait avec tout son cœur ! puisque c'est notre lien entre nous et toi !...

Pascale sait tout ce que tu ressens, tout ce que tu vis, « l'écharpe de soie » de ton attente, de tes larmes, de tes sourires, l'azur de ton amour s'enroulent autour d'elle, la pénètrent et elle te le rend au centuple. Elle est Amour ! nous sommes amour pour peu que vous vous laissiez guider et que nous nous laissions guider, baigner dans cet amour qui nous enveloppe et nous attire.

Laissez-vous gagner par cet amour, essayez de le vivre pleinement, je sais que c'est plus difficile dans votre monde, mais l'amour attire l'amour, il ne faut pas le craindre, en avoir peur, au contraire ! vous vous sentirez tellement bien, tellement en harmonie.

Bien sûr que je garde mon caractère ! mais ma volonté s'est transformée elle aussi, en volonté d'amour.

Pascale aussi est un « ange », nous avons vraiment beaucoup de points communs, elle est votre guide, à toi, Jean-Paul, à sa maman, et à tous ceux qu'elle aime et qu'elle a laissés (en apparence !). Nous nous entendons tellement bien que nous avons plein de « projets » pour maman et toi... à condition que vous ne renâcliez pas !

Que ce Noël vous apporte la paix profonde, l'amour, la sérénité, l'espoir, un immense espoir comme cet enfant l'a apporté il y a bien longtemps !...

Pascale est avec toi, avec vous, tous ses aimés.

Elle vous embrasse, une pluie de baisers se déverse sur vous, en vous, des baisers pleins d'étoiles.

ISABELLE.

1. La veille de Noël, Jean-Paul Sermonte donnait, dans une salle parisienne, un récital poétique.

Tu permets que j'en envoie aussi à ma petite mère ? (des baisers !)

28 décembre 1990.

Bravo Jean-Paul pour ton intuition ! Tu te doutais que je parlerais à maman ce soir, tu vois que tes dons de médium sont réels, je te remercie, du fond de mon âme, pour tout ce que tu apportes à maman. Aujourd'hui était pour elle, un mauvais jour, même si elle croit à mon bonheur, même si elle sait que je suis infiniment aimante et vivante, je sais que je lui manque terriblement, elle est en manque de tendresse, de câlineries, de bisous que nous nous prodiguions si généreusement, et elle n'a personne qui puisse combler tous ces vides. Elle qui est si aimante, si tendre, si maternelle, elle se sent terriblement frustrée physiquement et sentimentalement.

Merci d'être son ami, tu es devenu très important pour elle. Il est vrai que Pascale et moi faisons tout ce que nous pouvons pour cela.

Elle est si forte et si fragile, ma maman adorée. On l'a souvent appelée « mère courage », c'est vrai, mais moi je sais ce que ce courage demande de force de caractère, d'abnégation et je sais aussi ce qu'il cache de pudeur, de sensibilité, de vulnérabilité. Tu as raison, Jean-Paul, maman aime la vie mais elle m'aime par-dessus tout.

Il te faudra la bousculer, surtout en cette période ! Tu sais qu'elle s'était mis dans la tête de t'accompagner en Italie (là, je trahis un secret !) mais c'est pour que tu saches qu'elle ne te dit pas tout, malgré sa franchise et sa spontanéité : elle a tellement peur de déranger, et elle est d'une pudeur !

Tu vois, Jean-Paul, je me confie à toi, parce que je t'aime beaucoup, que j'adore maman, que Pascale est plus que mon amie de cœur et d'âme et qu'il faut nous entraider.

Allez, à toi, ma mamounette... Garde ton beau sourire sur tes lèvres et dans ton cœur, tu sais bien que mon passage devait être bref et que ce 28 décembre est beaucoup moins important que le 9 janvier... Pour vous, c'est une grande joie, mais pour nous, la grande joie est la naissance « au ciel » de la vraie vie.

Essaie de ne pas rester seule pour cette fin d'année, laisse papa faire à sa guise mais ne reste pas seule.

Après ces fêtes, ces anniversaires rapprochés, tout ira mieux pour toi, Jean-Paul a raison : il faut t'occuper du deuxième livre, mais je lui fais confiance, il saura te faire sortir de ta « douillette robe de chambre bleue ! »

Garde ta gaieté, ta joie de vivre, ta spontanéité, ton rayonnement (il te reste du travail sur la planche).

Allez, maman, encore du courage, nous sommes heureux, vivants, lumineux, aériens, sans freins d'aucun ordre... dans un amour et un azur (mot chéri de Jean-Paul !) un azur luminescent, un azur étincelant mais non éblouissant.

Je t'adore, ma petite mère ! et je t'aime si fort.

Nos liens ne se rompront jamais.

Je t'embrasse de toute mon âme.

ISABELLE.

Pascale se joint à moi, comme d'habitude... et demande à Jean-Paul de ne pas être triste, lui non plus, pas trop de cimetière... pas trop de souvenirs tristes.

Il faut qu'il aide sa maman, qui elle, n'a peut-être pas fait la même démarche que lui.

Nous serons là !

Nous sommes là !

Le 7 janvier 1991.

Questions de Gisèle, sa mère, à Pascale.
Bonjour.

1. *L'endroit de la maison que tu aimes le plus, est-ce bien la pièce où je vais me reposer ?*

2. Viens-tu près de moi la nuit quand je dors.

3. Est-ce que Pépé Gilles et Pépé Julien sont avec toi ?

4. Ce qui s'est passé avec la photo de Jean-Paul et la tienne est-ce un signe de toi ? Si oui, vas-tu le refaire un jour.

5. La façon de m'évader par la pensée pour fuir parfois la réalité de ton départ est-ce de l'égoïsme ? En souffres-tu ?

6. Tout ce que je n'ai pas su te dire, te donner, et que je dis à présent et tous les jours, l'entends-tu ? Me pardonnes-tu ?

7. Carole a entendu une voix, à deux reprises, à 2 heures du matin, (le 29.12) qui consolait Axel. Est-ce que c'était toi ?...

Bonjour ! quel travail nous donnons à ma petite mère ! mais justement, parce qu'elle est mère, elle vous comprend tellement bien !

Oui, Pascale est très souvent avec vous, de préférence dans les endroits favoris, les coins qu'elle aimait. Vous l'y retrouvez plus facilement qu'ailleurs, parce que, vous choisissez cet endroit en pensant très fort à elle.

Bien sûr qu'elle vient près de vous quand vous dormez, c'est le moment idéal et elle essaie de se manifester par les rêves, peut-être les oubliez-vous ?

C'est le moment où vous lâchez prise, où vous êtes plus disponible.

Elle voit vos disparus, elle est plus évoluée qu'eux, mais elle peut les rencontrer quand elle le désire, eux aussi vous aident. Elle est très belle, vous savez, dans son évolution ! Vous pouvez être fier d'elle !

Oui, les photos étaient un signe de sa présence, de son amour, un signe de sa vie. Vous aurez peut-être d'autres choses, pas forcément les mêmes mais soyez très attentive à tout ce qui vous paraît « anormal ».

Non, ce n'est pas de l'égoïsme de « fuir par la pensée », mais une réaction très saine de survie, elle n'en souffre pas, au contraire, elle sait combien vous l'aimez, c'est presque comme un instinct de conservation (vous avez beaucoup de réactions communes avec maman !). Surtout, ne vous culpabilisez pas ! Pascale veut votre équilibre.

Elle n'a rien à vous pardonner. Elle sait les trésors de tendresse qui sont en vous, elle vous aime au centuple ; vous n'avez rien à vous reprocher. Bien sûr qu'elle entend tout ce que vous lui dites, elle lit dans votre cœur, dans votre âme, elle vous aime et elle sait la force de votre amour.

Oui, c'était Pascale qui consolait le petit Axel, il ne faut pas avoir peur de ces phénomènes, c'est une telle chance de pouvoir les capter, elle pouvait mieux se manifester, car les conditions étaient favorables (lieu, date, concentration de personnes pleines de pensées et d'amour...) c'est merveilleux !

Je puis vous assurer que ce ne sont pas des hallucinations, nous sommes vivants et cherchons à vous le prouver. Pascale est un être merveilleux plein de chaleur et d'amour.

Surtout, ne vous désolez pas ! Elle est heureuse et ne vous veut pas triste. Elle est votre « petit ouistiti » pour la vie, elle vous aime et vous aide.

Surtout, n'hésitez pas à poser des questions ou à contacter maman !

Pascale vous embrasse de son immense tendresse. Jean-Paul aura d'autres messages.

Je me permets d'ajouter une bise, ne doutez surtout plus !

ISABELLE.

Nous sommes très amies, Pascale et moi, ce qui explique bien des choses. Courage !

Le 10 janvier 1991.

Bonjour, Jean-Paul. Quel homme impatient ! Pascale n'en est pas étonnée, elle te connaît bien ! Moi aussi, maintenant, depuis que nous « correspondons ». Tu sais, si je réponds souvent d'une façon vague ou générale c'est, d'une part, que je ne sais pas tout, d'autre part c'est le « cherchez et vous trouverez », ou « la moisson vient plus du labour que du champ » ou « fouillez, un trésor est caché dedans ». Nous vous aidons de nos conseils, de notre amour, mais nous ne pouvons tout faire pour vous.

De temps en temps, pour que vous ne doutiez pas, vous avez une preuve précise, et puis... nous redevenons discrets... Le travail en profondeur se fait en vous, au fil des jours, avec notre présence et notre aide et notre amour.

Passons aux questions ! Je maintiens que la musique était un « coucou » de Pascale. Ce n'est pas un coucou rationnel, mais c'est un coucou ! Il est normal que vous vous interrogiez, que vous ne compreniez pas tout, n'oubliez pas que nous avons une autre dimension ! Pourquoi vouloir tout décortiquer, pourquoi ne pas croire aux contes de fées, au merveilleux ? Ce merveilleux que tu recherches tant, tu le portes en toi, tu as un fabuleux trésor que tu gardes enfoui ! Pascale se manifeste, même chez toi, mais peut-être freines-tu encore trop ?

Non, elle ne craint pas que tu t'attaches trop à elle, elle te connaît bien, elle t'aime, elle veut ton bonheur, elle n'est pas égoïste, elle est tout amour. C'est une chose que vous ne pouvez concevoir avec vos sentiments humains, nous sommes amour inconditionnel, sans jalousie, sans mesquinerie, sans possessivité, mais nous vous aimons tellement plus et mieux ! « Laisse faire le temps »... même si le temps te dure, un jour, tout se décantera...

Je sais, nous savons, que tu piaffes, que tu es un homme pressé, peut-être trop pressé !

Nous n'avons pas besoin de voir votre aura pour savoir si vous êtes fatigués ou malades, nous le savons, appelez ça « intuitivement » pour employer vos faibles mots, nous voudrions bien l'empêcher, mais ces maux font aussi partie de votre karma et de votre évolution ! (pourquoi ai-je choisi une leucémie ?) Nous vous entourons encore plus, mais nous ne pouvons vous les ôter ! Vous devez parcourir votre route avec ses pierres, ses épines, ses abîmes... nous ne pouvons que vous guider, vous aider mais non vous enlever les obstacles.

Nous sommes venues faire un tour au cinéma et vite reparties.

Pour nous, ce film est « débile »[1] ! quelle vision de l'Au-delà ! *Ghost* est infiniment supérieur. C'est un film à sensations, mais complètement faussé, il est vrai que nous voyons nos mauvais actes, nos mauvaises pensées, mais à la lumière et à la chaleur d'un tel amour ! Pas de punitions, de bastonnades, mais une évolution (si nous l'acceptons) dans et avec l'amour.

Merci pour le « Isa » qui a beaucoup touché maman, tous mes amis m'appelaient ainsi ! Tu es mon ami ! Pascale est mon amie, maman est ton amie, tu es mon ami... Bref, nous sommes amis !

Ne sois pas trop déçu, Jean-Paul, tout va s'éclairer... mais il faut un peu de temps.

Pascale t'embrasse, ruisselante d'amour pour toi. Sois-en persuadé !

Je te fais une bise (ainsi qu'à maman, si tu le permets).

Votre amitié nous réjouit, mais nous y sommes pour quelque chose !

ISABELLE.

Merci d'avoir passé la journée d'hier avec maman !

Le 22 janvier 1991.

Bonjour, Jean-Paul, ce que nous pouvons tracasser ma petite mère en ce moment ! Elle en est toute perturbée. Nous lui demandons beaucoup c'est vrai, mais je sais aussi qu'il faut la bousculer. (Pardon, maman, mais ta tâche est importante et précieuse !)

Mais non, Jean-Paul, je ne t'en veux pas, nous ne connaissons plus la rancune, la jalousie, la susceptibilité, il est normal et humain que tu cherches des preuves, que tu doutes parfois, nous nous manifestons autant que nous le pouvons, autant que nous en avons le droit, mais, je le répète, nous ne pouvons tout vous dire ! Nous

1. Il s'agissait du film *L'Expérience interdite*.

vous faisons des signes de temps en temps, mais pas avec une précision mathématique – sauf en de rares occasions !

Tu as eu un grand bouleversement encore faut-il que tu l'interprètes d'une façon positive ! Je t'assure nous « mettons le paquet » – suivant mon expression favorite – pour vous aider à y voir clair, à croire à fond à notre survie, à notre présence. Si je ne suis pas plus explicite, c'est voulu ! De temps en temps, je fais un petit clin d'œil, pour prouver que c'est bien moi, Isabelle, et non une autre entité, pour prouver que ce ne sont pas des hallucinations, que nous existons réellement, que nous voulons vous aider, pour prouver aussi à maman que c'est bien moi, sa fille. Elle n'en doute plus mais, en ce moment, elle est fatiguée et perturbée, je le répète !

Jean-Paul, je peux te certifier que Pascale se manifeste et cherche à se manifester, de toutes les façons, tout ce qui s'est passé autour de toi, chez toi, en toi est bien réel, et ce n'est pas fini ! Je t'ai dit que tu étais un enfant « béni des dieux », et je le redis avec force (même si tu en doutes, parfois).

Si tu es persuadé que c'est moi, Isabelle, qui parle à maman, tu ne douteras pas de son authenticité, de sa sincérité... Elle est profondément vraie, ça je peux te l'assurer. S'il en était autrement, je ne pourrais pas communiquer avec elle, ceci expliquant cela !

Depuis que Pascale est avec moi, nous avons plus de forces, parce que nous avons le même but, et nous y arriverons, car vous devez faire de grandes et belles choses et nous vous donnons un coup de pouce de l'Au-delà.

Ne t'inquiète pas, maman ne partira pas sur une île déserte ! elle se rebiffe, de temps en temps, elle renâcle, se fait tirer l'oreille, mais elle avance quand même. Je la « manipule » toujours, mais avec tellement d'amour.

Maintenant, tu peux tout lui dire, Jean-Paul.

Pascale et moi sommes tellement heureuses quand vous faites un pas en avant, dans la découverte et la certitude.

Nous vous bouleversons, nous vous intriguons, nous nous découvrons par amour pour vous.

À bientôt, Jean-Paul, nous vous embrassons de toute notre immense tendresse.

ISABELLE.

Eureka ! maman, tu as écrit au CDI. La présence des enfants était bénéfique. Encore un progrès !

Merci, Jean-Paul de ton aide.

Le 28 janvier 1991.

Oui, c'est moi, la petite souris, qui viens vous dire un petit bonsoir et vous offrir ce gros bouquet de marguerites (à tous les deux, maman et toi).

Il se passe tellement de choses, Jean-Paul, tout bouge ! Car nous faisons bouger, Pascale et moi, autant que nous le pouvons, je te redis que nous ne somme freinées (si on peut dire !) que par le fait que vous devez rechercher la vérité. Nous t'avons donné beaucoup de repères, non ? (maman peut te le dire en connaissance de cause !) Tu es très exigeant, Pascale te connaît bien... mais nous y arriverons et toi aussi, tu ne peux garder tous ces trésors pour toi, il faudra les publier pour mettre, toi aussi, une autre goutte d'eau dans le ruisseau de la connaissance, de la certitude de l'Au-delà... Votre monde en a de plus en plus besoin. Il y a urgence ! Alors, dépêche-toi, Jean-Paul, et ne laisse plus le doute t'envahir, tu as plein de signes maintenant, de tous côtés, alors... au travail.

Je suis très heureuse que tu viennes à la maison (maman aussi !) tu iras voir ma chambre-trésor ? C'est là que je me sentais bien ! Nous serons là, très fortement soyez-en sûrs.

Nous t'embrassons, Jean-Paul, Pascale t'aime tant ! Elle est si rayonnante ! Moi aussi je t'aime beaucoup et puis tu es un ami si cher de maman.

À très bientôt, sans doute.

ISABELLE.

Conseil d'amie : essaie de te concentrer davantage, de peut-être moins te « disperser » et tu verras !

Le 29 janvier 1991.

À Jean-Paul : (Nous avons une correspondance digne de Mme de Sévigné !) Ah ! Jean-Paul, il ne faut pas jouer avec le feu ! Nous t'avons gentiment et avec beaucoup d'amour, « renvoyé le bâton », mais, en même temps, donné un signe.

Pour nous, l'Au-delà est une magnificence. L'Au-delà sinistre dont tu parles existe dans les « sphères » inférieures, que nous évitons.

Oui, nous sommes rayonnantes, encore plus quand nous ne vous sentons pas tristes – pensez-y !

Pour les anniversaires, tu sais, pour nous, ce n'est pas important, non que nous ayons oublié, mais nous les vivons en permanence et le temps ne compte plus, si toi, Jean-Paul, tu désires mettre des fleurs sur la tombe, fais-le, sans t'y attarder, des fleurs près de la photo de Pascale lui font encore plus plaisir !

Si tu veux aller à son village, vas-y ! Pascale s'y plaît beaucoup, auprès de sa maman, mais elle est aussi près de toi. Pascale n'a plus besoin de ces preuves, mais il est sûr que sa maman serait heureuse de te voir. Tu es seul juge !

Si c'est important pour toi, fais-le ! si tu n'y vas pas, ne te culpabilise pas, Pascale sait, Pascale comprend, Pascale t'aime, Pascale veut ton bien, Pascal t'aide, Pascale te veut heureux, Pascale t'attend et t'attendra... quand ce sera ton tour de goûter aux délices de l'Au-delà.

Courage, Jean-Paul, tu es là pour quelque chose, tu as une mission, tu es une parcelle de Dieu, ne l'oublie pas !

Pascale te serre très fort dans ses bras, elle t'embrasse de tout son amour, plus grand, plus riche, plus fort.

Moi aussi, je te fais une grosse bise.

ISABELLE.

Maman n'a pas le temps de se « rouiller » ! C'est très bien ainsi !

Le 5 février 1991.

Coucou ! nous sommes là, le sentez-vous, nous ne vous avons pas « quittés d'une semelle » depuis que Jean-Paul est arrivé, nous sommes tellement heureuses, si vous saviez ! Nous attendions ce jour avec tant d'impatience, toutes les deux. Nous sommes sûres que Jean-Paul sera marqué par cette journée – la preuve ! le poème [1] ! – Et il y aura d'autres choses, bien plus belles encore. Tu vois, maman, que tu peux écrire presque n'importe quand et n'importe où, pour peu que le climat soit favorable et l'endroit propice.

Oui, Jean-Paul, les petits craquements, c'est nous, et non le bois qui joue, comme tu le pensais tout à l'heure.

Pascale et moi vous surveillons de près et, je le répète, nous sommes tellement heureuses de cette journée. Tu sens, maman, comme ta main veut partir à toute vitesse, tu ne peux plus la contrôler, comme au début, quand tu écrivais les premiers messages ! Je te fais même faire des zigzags, tant nous sommes impatientes de vous parler ! Nous sommes avec vous, depuis tout à l'heure ! Quel dommage que vous ne puissiez pas nous voir ! Nous, nous vous voyons, comme vous êtes à l'instant : Jean-Paul affalé (!) dans son fauteuil, maman dont la main court à toute vitesse sur la feuille.

Nous étions avec vous au restaurant, et nous avons bien ri en vous écoutant, ne soyez pas tristes, restez à notre unisson, ne vous posez pas trop de questions, laissez-vous vivre, respirer un peu ! Ne pensez plus à tous ces mauvais moments que nous avons passés. Ils sont oubliés, si vite oubliés, dans un tel bonheur, une telle félicité !

Alors, Jean-Paul, tu l'as ton message « en direct », crois-tu que maman puisse penser à ce qu'elle écrit, avec cette vitesse ? As-tu chronométré ? C'est la première fois, je crois, qu'elle « bat son record », d'ailleurs c'est très mal écrit, et il y aura sûrement des fautes. Il faut me pardonner. Nous pardonner, nous voulons tellement vous faire participer à notre joie.

1. *Chez Anne-Marie.*

Tu entends nos « coucous », maman ! Nous resplendissons comme le soleil qui brille aujourd'hui, nous vous aimons, si vous saviez avec quelle intensité !

À bientôt. Il y en aura d'autres, vous êtes nos aimés, nous vous adorons.

ISABELLE.

Et Pascale car, elle est avec moi, n'en doute pas, et, je le répète, tellement heureuse de ces moments privilégiés. À très bientôt.

Le 6 février 1991.

Bonsoir, ma petite maman. Ne sois pas triste, je ne le veux pas. Tu as vécu, *vous* avez vécu des moments très intenses, riches d'émotions, mais il faut en être heureux ! Je sais que je te demande beaucoup, que je te bouscule, que je brise la quiétude où tu commençais à te nicher, que je remue beaucoup de sentiments, beaucoup d'impressions, beaucoup d'émotions, mais c'est nécessaire. Nécessaire pour Jean-Paul et pour toi. Tu as entendu tous ces craquements, ce soir !? Tu t'es fait un peu tirer l'oreille, mais je ne t'en veux pas. Tu as encore des sursauts d'indépendance, tu veux garder ton libre-arbitre, ton self contrôle, mais tu verras que tu iras plus loin et plus profond encore.

Jean-Paul et toi êtes destinés à de grandes choses qui se feront en leur temps. (S'il pouvait te voir écrire, ce soir, presque aussi vite qu'hier.) Il a de très fortes intuitions, une sensibilité exacerbée, ce qu'il a ressenti était fulgurant et très vrai. L'avenir vous le prouvera !

Nous étions très, très présentes, Pascale et moi, n'en doutez pas (d'ailleurs, vous l'avez bien senti !). Mais il y a encore, pour vous deux, des pas à franchir, des barrières à abattre. Nous y arriverons, tous les quatre, ensemble.

Jean-Paul a encore du mal à appréhender notre vie dans l'Au-delà. Il raisonne en humain et c'est normal. Il n'a pas encore assez de recul, mais il y parviendra ! Regardez le chemin déjà parcouru ! C'est fantastique ! Nous sommes patientes, nous avons toute l'éternité, nous... nous ne vous lâcherons que lorsque vous pourrez voler de vos propres ailes, que lorsque votre « mission » sera terminée, car vous avez bien une mission. C'est peut-être un grand mot, mais c'est une réalité.

Si tu as des questions précises, Jean-Paul, surtout pose-les, ne reste plus dans le doute. Ces temps sont finis ! tu es, vous êtes à l'aube d'une ère nouvelle et vous vous aiderez mutuellement, comme nous vous aidons, Pascale et moi.

Nous sommes tellement heureuses et joyeuses de votre belle complicité. C'est un régal pour nous !

Nous vous aimons, soyez-en persuadés. Je ne le dirai jamais avec assez de force.

Bonne nuit, Jean-Paul, Pascale t'aime tellement !

Bonne nuit, maman, je t'aime tellement !

ISABELLE.

Coucou ! coucou ! coucou ! C'est merveilleux ! dommage que Jean-Paul n'entende pas tous ces craquements, ce soir !... Non, mais tu entends ? Nous sommes dans une joie immense.

Le 7 février 1991.

Salut, Jean-Paul ! C'est super ! Maman est au CDI et elle écrit ! (Elle a même eu, pour la première fois des craquements dans ce lieu !) Il se passe beaucoup de choses, en ce moment, et ce n'est pas fini ! ce message est surtout pour te supplier de ne pas être triste, demain, essaie de penser au bonheur de Pascale, essaie de dépasser ta peine, essaie de te convaincre qu'elle est heureuse, et puisque tu l'aimes, tu veux son bonheur, non ? ce n'est pas demain son véritable anniversaire ! c'est le jour de son départ dans la vraie vie, nous ne sommes insensibles, indifférents, loin de là, mais si vous saviez ce que c'est que le « ciel » vous chanteriez de joie. Elle sera encore plus présente, tu ne seras pas seul Jean-Paul, tu verras ! Allume une bougie, fais brûler de l'encens, dis une prière... mets des fleurs, auprès de sa photo, si cela te fait du bien. Elle, Pascale, n'en a plus besoin.

As-tu la prière de saint Augustin ? Relis-la, elle est si belle et si vraie ! Et puis, n'oublie pas que, dans votre monde, tu as des ami(e)s sûr(e)s, sur qui tu peux t'appuyer, en toute confiance, qui ne demandent qu'à t'aider et c'est infiniment précieux ! Rien n'est laissé au hasard. Tu as sur ta route, les aides dont tu as besoin, à ce moment donné. En es-tu conscient ? Nous savons que notre présence physique est le manque le plus terrible, mais vous avez l'espoir, vous avez la chance de savoir que nous sommes bien, que nous sommes là, que nous vous aimons mieux, plus fort, que nous guidons vos pas...

Je sais que vous en voudriez plus, mais ce n'est pas en notre pouvoir. C'est l'humanité qui a perdu cette faculté merveilleuse et qu'elle retrouvera un jour. Alors là, visibles et invisibles ne seront plus séparés.

« Ne pleure pas si tu l'aimes »... mais essaie de te réjouir de la savoir dans la vraie vie, dans la lumière, dans la vérité, dans la chaleur de cet amour qui rayonne et qu'elle veut te faire partager !

Dis toutes ces choses à sa maman, à tous ceux qui l'aiment tendrement pour que cet anniversaire ne soit pas un jour de deuil et de tristesse. C'est là que vous la rendriez malheureuse et vous ne le voulez pas ?

On arrête là, maman ? Tu continueras peut-être ce soir ?

À tout à l'heure ? (Pour vous, il est... quatre heures !)

(à suivre !)

(Ne te laisse pas troubler, ma petite maman, tu es toute perturbée ce soir) Jean-Paul demande beaucoup parce qu'il cherche beaucoup, il a besoin de voir clair en lui-même et tu peux et dois l'y aider. Je sais que ta tâche n'est pas facile, mais c'est ta mission, maman, il faut l'accepter.

Je te protège de tout mon amour. Je ne veux plus que tu souffres, je suis là pour t'éclairer, je te donne la force nécessaire.

Téléphone à Jean-Paul, il a besoin, lui aussi, d'être rassuré.

Pascale n'a aucune rancœur, aucune rancune, elle aide et veut aider Jean-Paul de toutes ses forces, elle l'aime tel qu'il est !

Nous vous embrassons, nous vous serrons très fort, nous vous câlinons, vous ne serez plus jamais seuls.

ISABELLE.

Courage ! Le haut de la pyramide est sublime et on domine tout : plus de bassesse, plus de petitesse ; la liberté, l'amour, la pureté !

Le 9 février 1991.

Bonsoir Jean-Paul, bonsoir, maman. (Tu as entendu le téléphone au moment où tu prenais la feuille ? Coïncidence ? Bizarre !)

Je vous parle à tous les deux en même temps, car tous les deux vous faites partie de notre vie, à Pascale et à moi, et que nous avons beaucoup de choses à faire ensemble, tous les quatre.

Pour vous, c'est encore flou, encore vague, mais ne vous inquiétez pas, le jour va venir où tout s'éclairera, où vous comprendrez, vous avancez à pas de géant, depuis quelque temps, après les hésitations, les incertitudes, les doutes. Même si vous avez des moments de fatigue, des baisses de tonus physique et moral, vous ne pourrez plus revenir en arrière. Je dis *vous* car Jean-Paul émerge enfin de ses « ténèbres » – pour employer son mot fétiche – et il vole vers « l'azur » – un autre mot fétiche. C'est curieux, maman, tu lèves les yeux et que vois-tu, à l'instant même sur l'écran de la télé ? de noirs corbeaux qui volent dans l'azur du ciel.

Nous ne vous lâchons plus, nous avons eu assez de mal à vous ébranler, à vous mettre dans notre « circuit ». Tu es un peu plus « rôdée », maman, mais Jean-Paul va y venir, avec une intensité à la mesure de ses angoisses, de ses doutes, oui, quelque chose de très fort se prépare, vous le comprendrez, vous l'appréhenderez avec le recul. Je ne peux vous en dire plus ! Pense à ce qu'on t'a dit aujourd'hui, maman (médium !) et qui va dans le même sens.

Je te parle moins de spiritualité que dans mes premiers messages parce que tu as compris, maintenant... Tu as fait le point, tu as compris le « pourquoi » de notre épreuve. Mais il est vrai que tu ne pries pas assez. La prière est importante, surtout dans votre monde actuel. Dis-le à Jean-Paul qui en est, lui, à ses débuts. Il faut de plus en plus de spiritualité, de lumière, d'amour pour lutter contre ces forces du mal.

De notre côté, nous prions aussi, nous envoyons tout notre amour, nous formons une armée de forces rayonnantes, positives, lumineuses.

Nous vous enveloppons individuellement, suivant notre amour, nos affinités, notre connivence (Pascale → Jean-Paul → Moi → Toi) mais nous aidons aussi en groupes pour que nos forces soient décuplées. Et quand vous serez bien imprégnés de cet amour, de cette aide, ce sera à vous à les transmettre aux autres.

Non, je ne suis pas mystérieuse, comme vous le pensez, mais je ne peux pas être plus explicite pour certaines choses, car vous devez les découvrir vous-mêmes, avec notre aide.

Bonne nuit, tous les deux.

Nous veillons sur vous, vous êtes hyper-protégés.

Pascale et moi vous embrassons avec un amour inconditionnel, une tendresse sublimée...

ISABELLE.

Ce message est à vous partager, ce soir. Vous en aviez besoin l'un et l'autre.

Pas vrai, maman ?

Pas vrai, Jean-Paul ?

Bises.

Le 11 février 1991, 23 h 45.

Bonsoir, maman et Jean-Paul, je vous associe maintenant, comme tu nous a associées tout à l'heure, Pascale et moi. J'attends les questions précises de Jean-Paul, mais peut-être seras-tu encore déçu, mon ami, mon « frère », ce que vous êtes impatients ! Même toi, maman, tu es « contaminée » par cette impatience, par ce désir de tout savoir, au moment que *vous* avez choisi. Paix mes agneaux ! Nous t'entendions tout à l'heure, dans ma chambre, bien sûr c'est nous qui faisions de l'escarpolette, de la balancelle pour te prouver que nous étions là, que nous entendions tes récréminations gentilles, mais toi, maman, tu n'as plus rien à prouver et à te prouver ! Il te faut essayer de tempérer le bouillant Jean-Paul et de lui faire accepter le fait que beaucoup de choses ont bougé en peu de temps. Nous savons que, pour lui, c'est une éternité, mais il faut essayer de rester calmes, ouverts, réceptifs et ne pas trop « demander la lune », vous l'aurez, ce moment fort, je vous l'ai dit mais il faut savoir attendre !

Rien n'est laissé au hasard, je le répète... Je garde le contact en attendant le jour J. Tu trouves mes messages trop sentimentaux ? N'est-ce pas beau, les beaux sentiments : l'amour, l'amitié, la tendresse, la complicité ? Nous les vivons, ces sentiments, en permanence et essayons de vous les faire partager. Tu as quand même eu des preuves, Jean-Paul, mais nous ne pouvons pas et ne devons pas vous envoyer que des messages de preuves... C'est moi qui veux garder le contact, j'oblige maman à « travailler » presque tous les soirs, mais il faut que vous soyez prêts... quand le moment viendra.

Je prêche, je prêche, je moralise, mais nous savons tellement que bien des choses sont illusoires ! Et tellement futiles. Il faut vous y préparer, il faut apprendre à vous dépouiller, à tout relativiser, car lorsque vous nous rejoindrez, qu'emporterez-vous avec vous ? Et vous n'y penserez même plus, car vous réaliserez très vite que tout bien matériel n'est rien : c'est la qualité de votre âme qui comptera...

Allez, Jean-Paul, encore un peu de temps... freine tes pulsions, si tu le peux (mais pas ta création !)

Pascale te suit de très près, écoute-là !

Nous vous embrassons et pardon pour ces conseils dictés par notre amour immense pour vous, n'en doutez pas !

ISABELLE.

Pascale trouve ton poème très beau. Elle en est infiniment touchée.

Le 14 février 1991. Saint-Valentin.

Allons, maman, ne soit pas rétive, tu as dit que tu ne bloquerais pas, ce soir, et pourtant, tu as mis du temps à me rejoindre. Il est vrai que je te tire d'un film intéressant – je ne suis pas sans pitié, mais après, ce sera trop tard, tu t'endormiras sur la feuille.

Nous n'avons rien de particulier à vous dire, sinon que vos conversations, vos échanges, votre complicité nous enchantent (nous = Pascale et moi, vous = Jean-Paul et toi).

J'attends de « pied ferme » les questions de Jean-Paul mais je ne pourrai peut-être pas y répondre avec une précision d'horloger ou de mathématicien, mais Jean-Paul évolue ! Nous nous en rendons compte, il évolue vers « l'azur » dont il parle tant. Il a repris goût aux projets, à la création, il va... faire des merveilles. Tu le sécurises, maman, c'est très important pour lui, n'est-ce pas Jean-Paul ? Votre rencontre était écrite, voulue, téléguidée, et ce n'est pas fini, pense à tout cela, Jean-Paul, quand il t'arrive encore de douter : tu ne pouvais pas ne pas rencontrer maman.

Je t'ai dit que nous avions un grand travail à faire tous les quatre, il se fera... à l'heure voulue.

Bravo pour tes initiatives, bravo pour tes poèmes, bravo pour tout ce que tu prépares consciemment ou pas. Le poème sur et pour Pascale est une pure merveille : elle en est très touchée et très fière, elle aussi voit, sent le cheminement de Jean-Paul, la profondeur nouvelle de ses sentiments et elle en est infiniment heureuse, nous t'avons confié une grande mission, maman, mais elle est terriblement importante pour Jean-Paul, d'abord, pour qu'il finisse d'émerger des ténèbres et pour qu'il puisse se délecter de son azur, importante pour les autres, pour ceux qui sont dans la peine, dans la douleur, dans le désarroi, dans la désespérance, pour leur apporter une consolation, un appui, un espoir, une lueur dans leurs ténèbres.

Nous te donnons la force nécessaire. Si tu as des « passages à vide », ne t'inquiète pas, c'est normal... nous sommes patients, *nous* (à bon entendeur !...) le temps n'est plus le temps et c'est tellement merveilleux ! même avec l'imagination la plus fertile, vous ne pouvez imaginer notre état et nos possibilités nouvelles !

Nous essayons de vous les faire entrevoir, mais ce n'est pas facile ! eh ! oui, maman, maintenant nous sommes deux à te bousculer, mais avec tant de tendresse et d'amour. L'idée de Jean-Paul de nous associer, de nous mettre ensemble sur la même photo est très délicate et réaliste ! c'est ainsi que nous sommes ! ensemble pour vous protéger, vous aider, vous aimer, vous guider, vous souffler et avec de telles forces !

Ensemble, Pascale et moi, vous embrassons avec tout notre immense amour.

ISABELLE.

À quand la signature de Pascale *auprès* ou *à la place* de la mienne ?

Bonne fête, car vous êtes nos aimés !

Le 15 février 1991.

Bonjour, Jean-Paul,

Pauvre maman ! C'est du « non stop » ! Malgré la tempête et la neige, les fils du téléphone avec l'Au-delà sont bien privilégiés !

Bernadette E. nous a dit l'autre jour qu'il se pourrait que tu sois ma sœur (bien sûr dans une autre vie) crois-tu que ce soit possible ?

Il est possible, que dans une autre vie, nous ayons été frère et sœur, en tout cas il est certain que nous avions des liens très forts et pas seulement nous deux, mais nous quatre, j'insiste ! Il faudrait – mais quelle importante ? – que tu fasses des recherches sur tes vies antérieures. Cette étude est intéressante dans la mesure où tu comprends mieux ta vie actuelle, car c'est celle-là qui importe !

Est-il exact que votre monde se compose de sept sphères. Si oui, Pascale et toi dans quelle sphère êtes-vous ?

Nous disons sept sphères pour vous donner une idée. Ce n'est pas délimité, mathématique (mais le chiffre 7, le nombre 7 est symbolique !) il y a des « degrés », des « paliers » dans notre évolution. Pour Pascale et moi, nous avons le privilège insigne d'être dans une sphère élevée, aux « portes du ciel », comme je l'ai déjà dit. Nous ne serons pas forcément obligées de revenir pour accéder à la « sphère céleste ».

Quand vous êtes avec nous, est-ce que vous nous voyez normalement ou (comme certains le suggèrent) comme à travers un voile ?

Bien sûr que nous vous voyons normalement (et avec une meilleure vue que la vôtre !) pas de voile, pas d'écailles – c'est vous qui en avez ! – nous vous voyons tel et mieux que vous êtes, nous voyons votre aura, nous vous percevons avec une acuité extraordinaire.

Comment savoir quand vous êtes là, près de nous ?

Nous sommes très souvent près de vous, nos aimés, mais nous pouvons aussi être ailleurs, comment le savoir ? En étant très attentifs, très vigilants, très réceptifs, en guettant les signes, en ne bloquant pas par des pensées rationnelles ou négatives ou pessimistes, en ayant un peu de foi, quoi !

Pascale peut-elle me parler de ses activités, avec des précisions ? Et toi, Isabelle, que fais-tu de tout ce temps ? Par exemple en ce moment ?

Tu connais Pascale, ses dons littéraires, artistiques, (voilà aussi des raisons de notre complicité) et bien, ces dons elle les exploite au maximum, elle les perfectionne, elle les « peaufine » – et moi, de même – mais avec une qualité, une intensité, une rapidité que vous ne pouvez soupçonner. En ce moment même ? Elle est avec moi, près de moi, elle lit « par-dessus mon épaule » (bien sûr, c'est une image !) mais nous sommes là, intensément, sinon maman ne pourrait pas écrire !

Nous nous déplaçons à la vitesse de la pensée, alors, vous vous rendez compte de nos possibilités ?

Pascale peut-elle me dire ce qui « bloque » chez moi pour que je « débloque » !

Ce qui « bloque chez toi » ? J'en ai parlé tout à l'heure : tes freins, tes doutes, ton esprit torturé (pardonne-moi, ce n'est pas méchant !) ta façon trop « terre à terre » de vouloir tout analyser, tout décortiquer, ton côté scorpion, ton manque de confiance... Laisse-toi un peu « aller », fais-nous un peu plus confiance ! Mais tu es sur la bonne voie... la preuve ? Toutes les idées, les poèmes qui jaillissent. La source n'est plus tarie, elle deviendra un torrent impétueux et magnifique...

À Pascale : Pour préparer mon livre je donne à taper à la machine tes manuscrits et bientôt notre correspondance. Cela te gêne-t-il ?

Non, Pascale n'est pas gênée parce que tu donnes à taper ses manuscrits, sa correspondance. Ce sont les sentiments qui comptent dans la mesure où ce n'est pas du voyeurisme, la recherche du sensationnel ! Nous ne sommes plus obnubilés par la pudeur (fausse), par la gêne, mais, je le répète, il faut que le but soit pur !

Pourquoi tes amis, Micheline, Françoise, Jean-Louis ne m'appellent-ils jamais ? Est-ce toi qui le veut ainsi ?...

Ces amis ne t'appellent pas pour beaucoup de raisons : souvent par peur, par fuite, par lâcheté aussi. Non, ce n'est pas Pascale qui le veut ainsi, sûrement pas, ce sont eux que la mort effraie, dont il n'osent pas ou ne veulent pas parler. Peut-être feront-ils le pas un peu plus tard, ne sois pas blessé ou attristé... (maman a vécu les mêmes choses) et puis, tu sais, c'est dans l'épreuve que l'on reconnaît ses vrais amis. Tu en perdras, mais tu en gagnes d'autres tellement plus authentiques, plus précieux, pas vrai ? Tu peux essayer de les « relancer » et tu verras leurs réactions profondes, mais ce n'est pas important !

Pardon d'être impatient : le temps, vous l'avez oublié, chez nous passe rapide comme un torrent, insistez auprès de nos guides pour que les révélations viennent vite...

Pascale peut-elle me dire un petit mot ?
Je vous aime toutes les deux
Petites sœurs des anges
Petits anges de douceur.

Nous n'avons pas oublié que le temps est important, dans votre monde, nous étions pareils, mais nous le vivons, maintenant, d'une façon totalement différente. Nous sommes intemporels, nous aussi, nous voudrions tout vous dire, tout de suite, pour vous rassurer pleinement, mais nous ne le pouvons pas, et vos guides (dont nous faisons partie) non plus. C'est même – ô paradoxe ! – un signe d'amour pour vous.

Tout ce que je t'ai dit, Pascale te le redit, avec son amour lumineux pour toi. Tu es l'homme qu'elle a aimé et qu'elle aime d'un amour plus fort, d'un amour magnifié, décanté, mais tellement immense, n'en doute pas, Jean-Paul. Son amour est de la même nature, mais plus beau, plus rayonnant, plus pur...

C'est beau « petits anges de douceur » mais nous ne sommes pas béates sur notre petit nuage, nous sommes vives, gaies, joyeuses, avec notre caractère propre, gommé de ses mauvais côtés, mais avec notre personnalité. Je suis et reste Isabelle. Elle est et reste Pascale, mais nous sommes imprégnées d'amour, c'est là l'immense différence d'un amour inconditionnel, indescriptible, incommensurable.

Nous aussi nous t'aimons, Jean-Paul.
Pascale te veut heureux, je le redis.
Un jour, tu comprendras *tout*.
J'aime ma petite mère.
Pascale t'embrasse, tellement tendrement !

ISABELLE.

Ne soupire pas tristement : « c'est beau » quand maman te lira le message. Tu auras la révélation !

Le 20 février 1991.

Bonjour, maman.

Bonjour, Jean-Paul.

Je suis heureuse que tu ailles à ce vernissage, nous serons présentes, Pascale et moi, n'en doute pas !

Tu te sens un peu « inconfortable » en ce moment. C'est parce que toi aussi, tu es en pleine mutation, je dis : « toi aussi », car c'est la même chose pour Jean-Paul. Vous allez vers le but où nous essayons de vous diriger. Je dis bien : « essayons » car vous n'êtes pas facile à manier. C'est vrai que nous ne pouvons pas tout vous dire, mais il est vrai aussi que vous manquez de souplesse. Vous freinez souvent par vos doutes, vos hésitations, votre manque de confiance. Ne sois pas peinée, maman, par les sursauts de rationalisme, de doutes de Jean-Paul, tu n'es pas visée ! C'est qu'il cherche encore cette certitude que tu as trouvée, mais combien de temps t'a-t-il fallu ? Jean-Paul va la trouver, lui aussi, et très bientôt, je le redis... nous, nous voyons les étapes parcourues et elles sont positives, mais il y en aura d'autres, vous n'êtes pas au bout du chemin de la découverte, de la vérité. Laissez-vous aller, brisez tous les verrous qui vous bloquent encore, de grandes et belles choses vous attendent. Tu as eu des preuves, Jean-Paul ! tu en veux d'autres ? tu en auras, mais peut-être pas celles que tu cherches et peut-être pas au moment où tu les désires.

Ce n'est pas du « sadisme » (!) de notre part, nous sommes tout amour pour vous et voudrions tout vous donner, si nous le pouvions ! mais il y a votre recherche personnelle, il y a des réponses que vous devez trouver, il y a, je le répète, ce laisser-aller, aussi, de confiance et non de méfiance. Il n'y a pas de hasard, les choses arrivent en temps et heures voulus... Si vous faites une rétrospective de vos rencontres, des événements, vous le constaterez.

Alors, ce cocktail ? tu t'es bien amusée, maman, à observer tous ces gens et nous nous amusions avec toi... tout ce snobisme, ces faux-semblant, cette flatterie ! il y a des gens sincères, mais dans ce monde-là ils sont rares ! La recherche des vraies valeurs, de la vraie richesse est ailleurs ! Jean-Paul n'a pas la « grosse tête » et c'est très bien ainsi. Il ne faut pas se sous-estimer, mais ne pas se laisser prendre, non plus, à ce miroir aux alouettes !...

Quant à l'émission sur le « new age », sans être aussi ridicule que d'autres fois, elle est superficielle, tronquée, c'est une recherche spirituelle profonde, authentique, mais qui peut être « récupérée » par des opportunistes... Il est vrai que les bouleversements qui agitent votre monde sont les prémices de cette ère du verseau, ère de remise en valeur des vraies valeurs, ère de la spiritualité, ère de l'âge d'or.

Vous avez la chance d'en être les témoins et, à votre échelle, des précurseurs : voilà pourquoi vos messages, vos témoignages sont terriblement importants, vous les « choisis »... même si ce choix implique beaucoup d'épreuves et de sacrifice...

« La mort est hideuse », dit Jean-Paul, mais elle est la naissance, l'accès à la vraie vie, au bonheur parfait. C'est un moment si vite oublié (pour nous !)

Nous vous embrassons avec notre tendresse infinie.

Pascale veille sur Jean-Paul, nous veillons sur vous.

ISABELLE.

Sois rassuré Jean-Paul, nous t'aimons pleinement et tellement fort !

Lettre de Jean-Paul à Isabelle.

Chère Isabelle,

C'est une lettre plus que des questions, mais questions il y a et il y aura toujours.

Vous nous parlez toujours d'amour, de joie, de plénitude mais ce qui pour vous est devenu évident ne peut l'être pour nous – pas encore.

C'est pour cela aussi qu'il y a parfois difficultés d'entente entre vous et nous. Vous êtes trop abstraits. Nos souffrances elles sont bien concrètes.

Tu sais, je trouve que la mort est haïssable. Elle est inesthétique (les corps si beaux que nous avons aimés deviennent de la poussière). La mort c'est la souffrance, c'est la terreur pour ceux qui restent.

Quand j'étais éducateur j'ai dû annoncer à des enfants la mort de leurs parents. C'est moi aussi qui ai appris à la maman de Pascale le départ de sa fille. J'en ai vu des larmes, j'en ai entendu des cris, c'est pour cela que je trouve la mort haïssable.

Quand je dis « la mort » je pense au passage simplement au passage... ensuite c'est une autre vie qui commence.

J'ai écrit des poèmes sur la mort pour consoler ceux qui pleurent, je crois sincèrement ce que j'écris, il n'en demeure pas moins que la douleur est là, vivace et si longue à partir.

Je t'écris tout cela car avec votre bonheur, votre paix, avec nos doutes, notre chagrin... cela fait deux mondes... qui peuvent ne pas se comprendre, mais qui s'aiment toujours.

Je voudrais que tu demandes à Pascale, si cela est possible qu'elle me parle de son départ (j'y pense si souvent).

Est-elle restée longtemps chez moi ? Est-elle partie tout de suite ? A-t-elle eu mal ?

Je voudrais aussi qu'elle me parle de Dieu, qu'est-il pour vous ? Que pouvez-vous nous dire de lui ? (Que nous ne sachions déjà).

S.V.P., surtout ne soyez pas trop abstraites... nous sommes toujours « ici bas », nous.

Je vous embrasse toutes les deux...

Quand j'imagine les anges, je pense à vous.

Le 21 février 1991.

Note d'Anne-Marie à la lecture de la lettre que Jean-Paul adressait à Isabelle.

« J'ai reçu la lettre au courrier du matin. Impérativement, tout de

suite, *je suis montée à l'étage, et la réponse est venue très rapidement, à un vitesse accélérée...*

C'est la première fois que j'ai une réponse si vite ! »

Cher Jean-Paul, quelle correspondance ! J'y réponds avec joie, avec bonheur. Ces mots t'agacent, peut-être, mais ils sont le reflet de notre état, nous savons que vos souffrances sont concrètes, nous ne l'avons pas oublié, mais sans ce creuset de la souffrance, sans cette chute dans l'abîme de l'épreuve, crois-tu que tu aurais fait cette évolution ? Rares sont ceux qui accèdent au royaume de la connaissance, de la recherche profonde, du sens de la vie, sans épreuves et sans larmes. Il sont, alors, venus pour servir de phares, de guides, de prophètes... ils sont très évolués, mais pour tant d'autres, il faut cette secousse brutale pour les réveiller, leur faire poser des questions, essayer de les faire changer de vie !

Comme je te l'ai dit, la mort est un moment vite oublié, et si on ne nous rappelle pas trop souvent à ces souvenirs, au début, nous nous moquons éperdument de notre corps de chair, « ce n'est qu'une vieille écorce abandonnée », notre corps nouveau garde la même apparence mais il est tellement plus beau, plus lumineux, sans imperfections, sans tares. C'est vous qui y attachez trop d'importance. Fuyez ces souvenirs qui ne peuvent que vous faire du mal ! Annoncer la mort de quelqu'un à des parents, à des êtres chers est une dure épreuve, et c'est là qu'il faudrait être assez fort, assez convaincu pour les rassurer, leur donner de l'espoir, mais pour ce faire, il faut être soi-même convaincu. Tu y arriveras Jean-Paul, maman y est bien arrivée ! Et pourtant, je sais l'intensité de ses moments de révolte, de doute, de désespoir (et je sais ce qu'elle a répondu, hier, en toute sincérité, à la jeune fille qui a « perdu » son papa !) quel chemin ! Et ce chemin, tu es en train de le parcourir, avec l'aide de maman qui t'a devancé mais qui t'attend, qui se retourne pour voir où tu en es, qui te prend par la main... et nous, nous sommes là aussi pour vous guider, vous souffler, vous faire avancer.

Ta douleur est là, vivace, mais tu verras, elle se transformera, elle t'aidera à évoluer, elle deviendra positive. Nos deux mondes ne sont pas éloignés comme tu le penses, au contraire, ils sont très proches. Peut-être est-ce là ton blocage ? Tes doutes, ton chagrin ! Et quand tu auras totalement émergé, nous nous retrouverons totalement. Nous, nous vous comprenons, tellement bien, si tu savais !

Pourquoi veux-tu si fort revenir au départ de Pascale? Pour te faire un peu plus de mal ? Elle est partie tellement vite qu'elle n'a pratiquement rien senti... Tu sais, elle était prête plus ou moins consciemment. C'était un être venu d'ailleurs pour te faire évoluer... elle est restée chez toi, et elle est *aussi* allée chez sa maman. Physiquement, elle n'a pas eu « mal », ou si peu... Elle a très vite réalisé, parce qu'elle était préparée... ce qui l'a peinée, et qui la peine ! – ce sont vos larmes, vos regrets... Il faut un dépassement de vous-mêmes pour qu'elle reste dans la joie et le bonheur.

Pour nous, Dieu est une force d'amour infini, ce n'est pas le Dieu de l'église, c'est une puissance cosmique, puissance et intelligence d'amour, je le répète, nous ne Le voyons pas, mais nous baignons dans cet amour qu'Il nous dispense... ce n'est pas Lui qui nous juge, c'est nous qui nous jugeons à la chaleur de Son amour.

Comment ne pas être abstraites, quand il nous est si difficile de décrire notre état, avec vos mots et aussi, avec cette dimension que vous avez perdue ? C'est un peu comme expliquer les couleurs à un aveugle qui n'a jamais vu !

Merci pour « les anges », c'est un peu ce que nous sommes devenues pour vous, vos guides bien aimants et bien-aimés.

Nous vous embrassons, nous aussi, avec notre amour immense, rayonnant... ouvrez votre cœur et laissez-vous embraser...

ISABELLE.

Combats le scorpion, Jean-Paul... regarde le haut de la pyramide et non le fond du gouffre.

Nous t'y aidons, maman, Pascale et moi...

Trois contre un !

Le 25 février 1991.

Lettre de Jean-Paul à Isabelle et réponses d'Isabelle.
Bonjour Isabelle.

Après le départ on parle de « sommeil » plus ou moins long. Georges Morrannier dit « on nous demande d'accepter de perdre connaissance pour un temps. Cet engourdissement de la pensée est indispensable pour supporter la transition. [...] Il ne s'agit pas d'un sommeil comme vous le connaissez, mais d'une atténuation de l'agitation mentale qui nous saisit quand nous arrivons brusquement dans l'Au-delà... »

Je voudrais savoir comment cela s'est passé pour vous, toi et Pascale. Si Pascale a été plongée dans ce sommeil comment se fait-il que Monique Simonet ait pu capter sa voix quelques jours après[1]*...*

Bonjour, Jean-Paul. (Ma petite mère sera-t-elle à jour dans sa correspondance pour partir à Montpellier ?) Bon, allons droit au but : ce que dit Georges est tout à fait exact, il l'explique plus scientifiquement que moi, mais c'est bien la réalité. Nous nous « engourdissons » pour un temps variable, plus ou moins long selon notre préparation à l'Au-delà. Pascale a été très vite consciente de son nouvel état, parce qu'elle était prête et parce qu'elle est partie très vite. Pour moi, le « sommeil » a été un peu plus long parce que je ne savais rien de ce qui m'attendait, mais après, la révélation a été fulgurante ! pour Pascale, il y a eu plusieurs étapes... la conscience totale, puis le « sommeil léger, puis le réveil et l'éblouissement ».

Que pouvez-vous nous dire des extra-terrestres. Existent-ils ? Les voyez-vous ? Pouvez-vous avoir des contacts avec eux ? Comment sont-ils ?

Bien sûr que les « extra-terrestres » existent ! Oui, j'ai visité ces mondes tellement différents du vôtre, ce ne sont pas des êtres verts

1. Monique Simonet, *Images et Messages de l'Au-delà*, Éditions du Rocher.

avec des antennes, mais des êtres subtils, avec une intelligence infinie... à côté, vous êtes à l'âge de pierre ! Nous avons des contacts par télépathie, par intuition spontanée, plus facilement qu'avec vous...

Un jeune homme à qui je parlais de l'Au-delà m'a dit : « Mais comment sont-ils habillés ? » Toi par exemple quand tu verras Pascale sera-t-elle en robe, en jean ?

Et puis, quelqu'un de très gros reste-t-il très gros là-bas ? Un nain reste-t-il nain ? Et l'âge ? A-t-on à tout jamais l'âge de notre départ. Si oui n'est-ce pas injuste que certains restent éternellement jeunes et d'autres toujours vieux...

Comment sommes-nous habillés ? Comme vous, suivant notre désir, notre pensée... des couleurs claires, lumineuses, irréelles.

Un gros reste gros s'il le désire, s'il se sent bien ainsi... s'il veut être mince, il sera mince.

L'âge n'a plus d'importance, les jeunes restent jeunes, les plus âgés rajeunissent... mais plus de tares, plus d'infirmités, plus de maladies...

Pour vous donner une idée, 30 ans, est une norme possible.

La vieillesse est-elle en quelque sorte une punition ?

Non, la vieillesse n'est pas – forcément – une punition ! On peut vivre vieux parce que c'est le karma, mais aussi parce qu'on a une mission à remplir.

Carole après avoir eu les manifestations que tu sais n'a plus rien. Alors elle doute... elle traverse la même crise de scepticisme que je traversais il y a quelque temps... Pourquoi dit-elle, avoir commencé pour me laisser dans le silence dans le plus total ensuite... ?

Carole n'a plus rien ? Mais elle aura d'autres choses, seulement, ce n'est pas à « jet continu » et ces périodes de doute vous permettent de faire le point et ensuite d'avancer. Elle a des dons, mais peut-être les craint-elle un peu ? Elle ne restera pas dans le silence pour peu qu'elle soit attentive...

Je vous embrasse toutes les deux (au fait s'embrasse-t-on chez vous ou se contente-t-on d'y penser seulement ?) Ici bas nous avons au moins le bonheur de se caresser et de se dire des « je t'aime » si doux...

Nous aussi, nous vous embrassons, et nous n'avons pas besoin de nous « frotter le museau » ou de nous caresser. Nous vivons tout cela avec une telle intensité, dans une fusion totale, nous n'avons plus besoin de mots pour dire : « je t'aime ». Nous vivons l'amour, nous baignons dans l'amour, nous sommes amour et nous vous aimons.

ISABELLE.

Merci encore pour la merveilleuse photo avec Pascale[1]. C'est un petit reflet de ce que nous sommes et où nous vivons. Délicate et forte pensée, Jean-Paul... tu auras d'autres messages... plus longs.

Le 6 mars 1991.

Bonjour, Jean-Paul, bonjour maman... (Tu vois que tu n'as pas « chômé » bien longemps !) au fond de toi, tu te rebelles un peu, mais c'est très bien ainsi. On ne te demande pas plus que tu peux donner ! Jean-Paul te bouscule, mais il le faut... Tu aurais tendance à « t'endormir sur tes lauriers »... N'en profite pas, Jean-Paul, pour tout reprendre à zéro... Non, ce n'est pas possible, tu as fait une évolution irréversible, même si tu en demandes toujours plus ! Je te répète que tu en auras, des preuves, encore... mais tu es tellement impatient, tellement pressé...

Pour ce qui arrive chez ta maman oui, c'est une manifestation[2] *et* de Pascale *et* de (son, leur) frère, mais surtout de (son, leur) frère ! il veut qu'on l'aide, qu'on arrête de pleurer et de gémir, qu'on l'aide à se dégager et à évoluer. Les pleurs, le deuil, la

1. Photo-montage ayant servi à la couverture du livre.
2. Chez la maman de Jean-Paul, à trois reprises, pendant trois nuits, un bouquet de fleurs, placé près de la photo de Pascale et de l'oncle de Jean-Paul, était retrouvé, le matin, renversé.

tristesse le peinent et le retiennent. Pascale fait tout ce qu'elle peut, mais il faut, en Corse, le lâcher...

De la prière... oui ! De la lumière... oui ! Mais en pensant à lui, à sa nouvelle vie et non à (son, leur) propre chagrin, à (son, leur) égoïsme... Il faut qu'ils arrivent à se convaincre que c'est lui qui a la meilleure part... Cette manifestation est voulue pour qu'ils se posent des questions, mais positives. Surtout qu'ils n'aient pas peur, c'est, au contraire, une preuve de la « survie » ah ! si le monde savait ce qui se passe après la mort, combien serait plus facile notre arrachement, notre acceptation et notre évolution ! Vous devriez chanter et danser, comme vous le faites pour une naissance ! Car, pour nous, c'est la vraie naissance, la seule. Dans votre civilisation, tout est à contre-courant de notre réalité, de notre vérité, tout va changer ; les vraies valeurs, la vraie connaissance s'installeront, mais non sans mal et sans heurts. Le mouvement est amorcé, les signes sont là, mais il y a encore un long chemin à parcourir !

Vous sentez cet air de printemps ? Eh bien, pour nous, c'est le printemps éternel, la chaleur, la luminosité, la tendresse, l'émerveillement... que nous essayons de vous faire partager, mais vous avez, souvent, une si lourde carapace ! Essayez de vous faire plus légers, pensez au papillon aérien, laissez-vous porter, entraîner vers l'azur, nous vous y aidons, mais vous fabriquez souvent tellement d'obstacles !

Heureusement, notre amour est immense et vous ne nous faites pas lâcher prise... Notre tendresse est obstinée, parce que nous avons une mission à accomplir ensemble !

À bientôt... nous vous faisons confiance !

ISABELLE.

Soyez très, très attentif... soyez à l'écoute... de l'invisible.
Nous vous aimons !

Le 7 mars 1991.

Bonsoir, nos aimés... Tu aurais pu écrire chez Jean-Paul, maman, tu as senti combien nous te poussions, mais tu n'as pas encore abattu toutes tes barrières, nous y arriverons.

Quelle belle journée, si riche d'émotions, de vibrations, ne t'inquiète pas, Jean-Paul, pour ce coup de fil discordant[1]... ce n'est pas le bas-astral, mais tout simplement un mauvais plaisantin, qui est certainement envieux ! N'y prête pas attention, même si c'est désagréable.

Pourtant, nous étions très, très présentes. Gisèle doit être attentive à ces souffles qu'elle perçoit. C'est vraiment Pascale qui caresse sa maman. Jean-Paul, peut-être cérébralises-tu trop ? « Bienheureux les simples, les cœurs purs !... » Voilà aussi pourquoi il s'est passé plein de choses chez Gisèle, cet hiver !... Maman aussi bloque un peu, même si elle se laisse aller à l'écriture, elle peut et doit aller plus loin, elle reste trop sur son balcon à regarder d'un œil étonné et curieux ce qui se passe. Sa certitude est profonde, maintenant, tout se fait par étapes.

Je pense que, pour Carole, il y a aussi un frein parce qu'elle a un peu peur, pourtant il lui est arrivé des choses très fortes. Ah ! que vous êtes encore rétifs... Si seulement vous pouviez nous voir, nous entendre, vous n'êtes pas encore assez à l'écoute... Trop de soucis matériels vous encombrent, vous n'êtes pas assez dégagés, même si vous avez pris du recul ! Bref, vous n'êtes pas assez « spirituels »... nous entendions toutes vos paroles, nous vous voyions (seuls, le petit Axel et Gribouille nous voyaient, eux !).

Un grand moment d'émotion quand Jean-Paul a fait écouter le poème avec la musique si belle, à maman... c'est terrible que vous ne nous perceviez pas plus fort... mais le temps viendra !

Nous ne nous décourageons pas, au contraire... Mais nous avons encore du « pain sur la planche » !

Il faut que Gisèle continue sur sa lancée... Au fond, c'est peut-être elle qui a le plus évolué, car maman et toi, Jean-Paul, vous étiez un peu plus préparés...

1. Lors d'une de mes visites chez Jean-Paul, il reçut un coup de fil anonyme.

Non, nous ne sommes pas dures et intraitables, au contraire, nous voulons votre bien et votre évolution et nous vous tirons de toutes nos forces vers le haut.

Ne perdez pas de vue le haut de la pyramide, le point oméga... c'est là que nous vous attendons.

Courage, nos aimés, vous y parviendrez...

Nous vous embrassons, nous vous câlinons.

ISABELLE.

Mais quelle richesse dans cette journée !... Vous vous en rendez compte avec le recul. Nous en reparlerons.

Paix, sérénité, amour, confiance !

Le 11 mars 1991.

Non Jean-Paul, ne t'inquiète pas... La source n'est pas tarie, nous n'allons pas te lâcher ainsi, pas tout de suite. Nous attendrons que tu aies pris ton envol, et nous attendrons d'être sûres de la ligne droite de cet envol. Pas de « looping », d'acrobaties, nous te lâcherons dans le bel azur, sans turbulences, sans nuages. Tu nous donnes du mal, et tu nous fais du mal dans tes moments de crise profonde. Mais nous les comprenons et faisons tout notre possible pour t'aider à émerger. Tu perturbes et inquiètes aussi ma petite mère, même si elle est sûre, maintenant, de la vérité de nos entretiens. Tu vois, rien n'est laissé à l'aventure. Il y a quelque temps, elle n'aurait peut-être pas pu t'aider, mais, actuellement, elle a fait un grand chemin que tu dois parcourir à ton tour... Les êtres, les événements, les rencontres sont sur ton chemin au moment voulu. Tu ne le réaliseras peut-être que plus tard... Tu es un être angoissé, impatient, mais sache que tout arrive à temps, ni trop tôt, ni trop tard. Il faut chercher, quêter, être à l'écoute, vivre dans l'attente, être réceptif, mais il ne sert à rien de vouloir tout bousculer... C'est une leçon de patience et d'humilité.

Et pourtant, si tu savais l'amour qui nous guide ! C'est pour votre bien que nous agissons de la sorte, parce que nous savons, maintenant, où est votre bien, le bien authentique, celui qui vous permettra de nous retrouver dans la joie, le bonheur, la lumière où nous baignons. Oui, nous pouvons être là et ailleurs, oui, nous sommes là quand vous pensez à nous, oui, nous vous embrassons, nous vous caressons, nous vous enveloppons de cette tendresse inouïe qui nous habite.

Votre route se dessine petit à petit, pour peu que vous ne plongiez pas dans les abîmes et les précipices, que vous aspiriez toujours à la bouée de sauvetage que nous vous tendons, pour vous hisser vers nous.

Tu as raison, Jean-Paul, de ne pas être trop crédule, mais il ne faut pas, non plus, tout décortiquer, tout analyser... il faut un peu de foi ! « Heureux ceux qui ont cru... »

Nous savons les moments douloureux que tu passes, mais de ces moments jailliront des forces merveilleuses, tu verras, tu comprendras la réalité de ces paroles, plus tard...

Tu n'es pas abandonné, crois-le profondément, ni dans notre monde, ni dans le vôtre. Tu as des appuis précieux et tu ne peux pas ne pas les percevoir !

Courage ! Jean-Paul ! Ce message est pour te faire patienter et pour te rassurer.

À très bientôt sans aucun doute.

Pascale t'embrasse si tendrement !

Moi, aussi, je te fais une bise pleine d'espoir.

ISABELLE.

Pascale veut ton bonheur, sans arrière-pensée, sans jalousie. Elle t'aime si fort ! si tu savais la qualité de son amour !

Re P.S. : Il faut essayer d'arriver à ce que « vos angoisses perdent leurs aigus, ramenées à des proportions que votre imagination ne boursoufle plus. Il faut retrouver une communion avec le monde et l'entrain de votre cœur. L'écho d'une archaïque paix résonnera en vous !

Chacun porte ces moments en soi. Ils sont précieux, ce sont des instants de bonheur... cela dure à peine, mais cela dure une éternité ! on se sent comme dans une clairière, isolée, protégée, pleine de clarté et on a le sentiment d'atteindre une vérité. Les égoïsmes viennent mourir au seuil de tels moments. On les conserve comme un rêve qui marque à jamais. Ils sont un temps de grâce. Quand on en sort, la vie reprend son chemin ! »

À méditer !

Le 13 mars 1991.

Maman me trouve « dure », mais non ; seulement tu connais ma volonté et mon obstination quand je veux quelque chose... et ce quelque chose est l'évolution de Jean-Paul. L'enjeu est important ! d'où des messages peut-être un peu plus vifs, un peu plus moralisants, mais toujours pleins d'amour.

C'est toi, maman, qui as envie, en ce moment, parce que tu es fatiguée, de t'enfoncer dans ton cocon, de tout lâcher, mais tu ne le penses pas ! Nous allons te re-énergétiser, fais-nous confiance...

Tu devais rencontrer Jean-Paul ! C'était écrit ! Je sais que la tâche te semble lourde, parfois, mais nous te protégeons. Ta mission n'est pas facile, mais après... vous verrez combien vous serez heureux de notre acharnement !

Courage, à tous les deux... malgré vos sursauts, vos « coups » de doute ou de fatigue, vous y arriverez. C'est une promesse formelle !

Nous vous « secouons », nous vous bousculons, nous vous ébranlons mais c'est pour vous faire avancer.

Cette merveilleuse journée de printemps est un reflet, bien pâle de la beauté où nous vivons et où nous voulons vous faire accéder... parce que nous vous aimons.

ISABELLE.

Mes messages sont comme les giboulées de mars : soleil et pluie, quelquefois, grêle et coups de tonnerre, mais l'essentiel c'est la vie qui repart, la sève qui éclate, le re-nouveau !

Le 14 mars 1991.

Question de Jean-Paul.

J'ai trouvé cette citation dans les papiers de Pascale. Ce texte est-il d'elle ?

« Voici une épreuve pour découvrir si ta mission sur la terre est terminée. Si tu es vivant, c'est qu'elle ne l'est pas.

Afin de vivre libre et joyeux, tu dois supprimer l'ennui. Ce n'est pas toujours un sacrifice facile.

N'ayez pas de crainte au moment de l'au-revoir. Un adieu est nécessaire avant de pouvoir se retrouver encore. Et ceux qui sont amis sont assurés de se retrouver encore après des instants ou des vies. »

Ah ! Jean-Paul, que tu es exigeant... et pour maman, que tu ne ménages pas et pour nous ! Cherches-tu encore à nous piéger ? Pourtant nous ne voulons que ton bien ! Pourquoi est-ce si important de savoir la provenance de cette « citation » (très belle et très vraie) ? Tu vois, je t'ai répondu implicitement ! Pascale l'a trouvée très forte et elle l'a retenue. Voilà, j'ai répondu à ta seule et unique question !

Passons à la deuxième : si je ne donne pas plus de précisions sur les extra-terrestres c'est parce qu'ils sont si différents de vous que vous ne pouvez le concevoir ! Vous saurez quand vous les verrez ! Ils n'ont pas de forme, de consistance, d'intelligence que vous puissiez appréhender. Ils existent, c'est certain, mais tant de mondes existent que vous ne connaissez pas ! Vous aurez plein de choses à découvrir... Nous n'allons pas tout vous dévoiler... Où serais la surprise et l'émerveillement ?

Tu vas pester, Jean-Paul, car je te mets – gentiment ! – à l'épreuve... chacun son tour ! Nous te connaissons bien, Pascale et moi, mais notre jeu est un jeu d'amour (maman, elle, commence à se fatiguer et à se décourager, nous allons la recharger, car tu n'es pas tendre avec elle, il ne faut pas la déstabiliser, tu en serais responsable !) ce n'est pas du chantage, loin de là, je la connais bien et elle commence à saturer... Il ne faut pas qu'elle bloque, surtout pas !

Pascale est là chaque fois que tu penses à elle très fort, chaque fois que tu l'appelles, surtout le soir. Le « truc », tu le trouveras tout seul et avec son aide... Je ne peux que te redire de l'embrasser, de faire le geste de la serrer dans tes bras, de la câliner...

Sois ouvert, attentif, essaie de réfréner ton angoisse, ton impatience de laisser le canal libre pour elle, tu l'encombres souvent avec des tas de préoccupations trop matérielles. Nous savons qu'elles existent, mais il te faut apprendre à les relativiser... C'est, pour toi, une échappatoire pour ne pas trop penser. Je ne dis pas de freiner ta création, au contraire, mais d'être plus détaché, plus serein... tu ressembles au lapin blanc d'*Alice au pays des merveilles* ; « je suis pressé, je suis en retard, je n'ai pas le temps, etc. »

Encore mille (excuses, pardons), Jean-Paul, pour ma franchise peut-être un peu brusque, mais il nous faut, absolument, vous faire bouger. Nous sommes tellement heureuses quand nous avons « marqué un point » et, de ce fait, vous aussi, car notre relation est une relation d'amour, d'amour pour vous. Comme nous vous aimons, nous voulons votre bien et comme ce bien passe par l'évolution, nous essayons de toutes nos forces de vous faire évoluer ! Tous ces messages ne sont pas pour le seul plaisir de correspondre avec vous. Ils ont un but précis, que vous découvrirez. Nous ne pouvons que vous conseiller, vous suggérer, jamais vous imposer ! Nous sommes très heureuses de cette idée de livre en commun. Tu sais, Jean-Paul, même si tu ne t'en rends pas compte, même si tu dis que tu l'as fait « comme ça », cette idée de nous associer, cette réalisation de cette photo magnifique avait un sens et un but précis, vous avez du travail sur la planche, car ce livre est important ! Tes lecteurs, plus ceux de maman, cela fera une énorme boule de neige, c'est là une partie de notre travail, tous les quatre, dont je te parle depuis pas mal de temps. Il fallait que vous le découvriez vous-mêmes. Nous vous « soufflions », bien sûr mais vos oreilles n'étaient pas assez attentives ! (Vous mettez très souvent des boules Quiès !)

Même toi, maman, tu ne vas pas au bout de tes possibilités. Tu restes trop extérieure, c'est bien de regarder ce qui se passe, de ton balcon, mais il te faut, aussi, en descendre et t'impliquer à fond. Notre correspondance est continue, bien établie, mais ce n'est plus suffisant. Il faut toujours aller plus loin et ne pas ronronner dans des habitudes bien incrustées. Nous vous y aidons, mais laissez-vous faire, ne bloquez pas, je le répète, laissez-vous aller en profondeur... Vous n'avez rien à y perdre, mais tout à gagner. Vous êtes engagés dans une voie où vous ne pouvez plus reculer... Mais il faut avancer, toujours avancer jusqu'à ce que vous arriviez au terminus ! Vous ne nous rejoindrez pas avant que votre tâche soit accomplie, alors, autant la réaliser du mieux possible... Votre récompense sera sublime ! Nos retrouvailles seront fabuleuses, magnifiques... Si vous saviez ! Nous vous attendons avec un tel amour, une telle tendresse à partager ! Vous serez des favorisés. Tant de gens ne savent pas, ont peur... Vous, vous savez et vous devez « en » parler... C'est la mission qui vous incombe ! « La lumière ne doit pas rester, sous le boisseau », il faut éclairer tous ceux qui sont dans les ténèbres, leur servir de phare... Pour cela, il faut abandonner, la vieille peau du vieil homme, transformer la chrysalide en papillon !

Le papillon, symbole de notre passage. Tu vas le (les ?) retrouver bientôt, maman, le (s) papillon (s) blanc (s) ! surveille bien le jardin...

Tu as eu une rude journée, aujourd'hui, mais tu peux faire face à toutes ces demandes et des profs et des élèves. Tu te sens fatiguée, mais je vais t'aider à te ressourcer ! Je t'en demande beaucoup, parce que tu peux donner beaucoup.

N'aie pas peur, je ne te laisserai pas « dérailler », j'ai trop besoin de toi. Prends un peu de temps pour toi, pour te faire plaisir. Tu donnes, tu donnes, mais il faut, aussi, que tu apprennes à recevoir.

Bonsoir, Jean-Paul, le petit chat te caresse, ronronne et s'enroule autour de toi.

Bonsoir Maman, la petite souris grignote ton cœur si plein d'amour.

À très bientôt.

ISABELLE.

Pensez bien au livre. C'est très important ! le germe est là, mais le fruit doit vite mûrir pour être cueilli !

Le 15 mars 1991.

Bonsoir, ma petite mère, tu te sens bousculée, malmenée, tu perds ton bel équilibre. Je te rassure : tu es fatiguée, en ce moment, mais ce n'est pas grave. De ce fait, tu es fragilisée, plus vulnérable, ne t'inquiète pas : tout rentrera dans l'ordre. Je veille sur toi avec tant d'amour. Jean-Paul est très exigeant, mais il faut le comprendre, il a besoin d'y voir clair, d'être rassuré.

Tu dois apprendre à ne pas t'impliquer, à prendre du recul. Tu ne peux lui donner plus que ce que tu reçois ! Je sais que tu voudrais tout lui éviter, que tu voudrais tout aplanir, lui enlever tous ses doutes, mais tu ne le peux pas ! Il faut qu'il trouve sa solution, avec notre aide, avec la tienne, mais tu ne peux pas et ne dois pas lui retirer toutes les pierres de son chemin. Tu es la « première de cordée », par ton expérience, ton recul, ton évolution, il faut que tu te retournes, que tu surveilles s'il est bien encordé, que tu le retiennes, s'il fait un faux pas, une glissade, mais tu n'es pas responsable de ses dérapages. Tu dois l'aider, oui, être à l'écoute, oui, être disponible, oui, le conseiller, oui, mais surtout pas glisser dans l'abîme. Je sais que ta tâche est difficile, délicate, douloureuse, parfois, mais tu ne peux porter tout le poids du monde sur tes épaules ! Rappelle-toi comme tu as douté, au début, combien de questions tu t'es posées ! Tu as dépassé ce stade, mais il t'a fallu du temps... Bien sûr, Jean-Paul, il faut essayer de t'en sortir, ne pas te complaire dans cet état, ne pas te torturer inutilement, nous sommes là pour te secourir, maman aussi. Il est possible qu'une partie d'elle passe dans les messages, c'est un canal humain, mais elle n'en a absolument pas conscience et c'est infime, moi, je le sais ! Elle est trop troublée, certaines fois par le contenu des messages... Sois sûr que le message quant au fond et au contenu vient de moi, Isabelle ; et uniquement de moi, sans aucune interférence. Nous sommes très protégées parce que notre mission est grande.

Tu comprendras toutes ces choses un peu plus tard, quand tu seras moins à vif, moins perturbé. Tu sais, la tâche de maman n'est pas facile et elle se sent souvent seule. Mais je suis infiniment heureuse de sa certitude absolue quant à notre correspondance. Là elle a fait un grand pas. Elle en fera d'autres, peut-être grâce à toi !

Nous vous aimons, tous les deux, nous vous voulons heureux, tous les deux. Soyez en paix, tout vient au bon moment. Il est dur de naître à une autre forme de vie, il faut vous dépouiller de tant d'habitudes, de tant de pensées, de tant de façons d'être... Mais nous vous tendons le filin de sécurité, la bouée de sauvetage, nous vous tenons l'échelle pour que vous puissiez accéder au sommet.

Ne pleure pas, maman, je t'aime et t'aide.

Sois rassuré, Jean-Paul, nous te soutenons de toute notre tendresse.

ISABELLE.

Bravo pour ta « production », Jean-Paul. Il faut penser sérieusement au livre des messages.

Le 18 mars 1991.

Bonsoir, tous les deux, mais non, notre correspondance ne va pas s'arrêter là, nous avons encore beaucoup de choses à nous dire. Nous ne te perdons pas de vue, Jean-Paul, même si tu es un homme survolté, hyper-pressé, nous sommes là, nous t'attendons, avec calme, avec patience. C'est très bien tout ce que ton travail t'apporte en ce moment. Je ne veux pas jouer les rabat-joie, mais il ne faut pas que tu perdes de vue l'essentiel ! Il ne faut pas te noyer dans plein de détails matériels, même s'ils te paraissent importants. Tu as mis le pied ou le doigt dans l'engrenage de l'Au-delà, et tu ne peux plus revenir en arrière. Comme maman le pense souvent pour elle, tu penses peut-être que tu étais plus tranquille avant. Mais cette fausse tranquillité doit être bousculée ! Tu sais, je reste à ta disposition si tu as encore des questions à poser (même si mes réponses ne te conviennent pas totalement !) Pascale est tellement à l'écoute, tellement prête à te secourir, je sers seulement de relais, mais pour combien de temps ? Il faudrait pouvoir t'arrêter un peu, faire le point, tu as tellement de choses en tête ! C'est Pascale qui te le demande, elle te connaît bien... Il faut que ta production, ta création soit plus orientée vers le monde invisible (comme au temps où tu écrivais *Le Dernier Message* et tant d'autres contes ou poèmes).

Brassens, Leclerc, Vigneault... c'est bien, mais ce n'est pas le plus important. Ne te fâche pas, mais nous voyons, nous, de l'autre « côté du miroir », tout ce qui peut et doit jaillir de ton talent, de ta sensibilité, de ta souffrance, aussi ! Tu as des dons merveilleux, et tu dois les utiliser pour que les autres sachent, pour que les autres comprennent, pour que les autres cheminent et, toi aussi, tu partiras à grands pas.

Ton témoignage sur Pascale sera très important. Il aura beaucoup d'impact. Le livre des messages, également, c'est vers ce but qu'il faut t'orienter. Tu as écrit tes contes avec cette dimension mystique que tu ne peux qu'amplifier...

À notre tour d'être exigeantes, mais une exigence d'amour, un appel, vers les cimes ; une métamorphose du corbeau en colombe, une flambée vers l'azur.

Le grain de blé jeté au plus profond de la terre semble mourir mais de là, jaillit une pousse, puis des épis... et c'est la moisson ! Et ta moisson sera riche, fructueuse, débordante.

Est-ce encore une leçon de morale ? Non, Jean-Paul, ce n'est pas notre intention. C'est un message d'espoir et de tendresse.

ISABELLE.

Je suis heureuse que tu rencontres Chantal. C'était ma complice et ma – presque – jumelle. Elle souhaitait te rencontrer depuis que maman lui parle de toi.

Ceci dit en passant : votre amitié – maman et toi ! – n'a en rien perturbé nos messages, bien au contraire ! C'était ainsi que la communication pouvait se faire puissamment et aussi fréquemment. Nous l'avons voulu ainsi parce qu'il fallait que tu aies absolument ces messages !

Notre rencontre, Pascale et moi, et votre rencontre – maman et toi – étaient déterminées et déterminantes. Le hasard n'existe pas !

Le 21 mars 1991.

Bonjour, Jean-Paul ; bonjour, maman.

Alors, Jean-Paul, quel calme ! Tu ne nous a pas habituées à cette quiétude, à cette tranquillité. Tes doutes seraient-ils définitivement « aux oubliettes » ? Alors, je viens te parler, pour le plaisir, pour ne pas couper le fil. Pascale est aussi surprise que moi ! Tu sais, n'aie pas peur de « traumatiser » maman, je t'ai un peu tancé, mais elle est repartie sur sa lancée. Je la connais bien. Elle est vite rechargée et j'y veille ! Peut-être n'as-tu plus de questions à poser, ou alors te dis-tu : « Ce n'est pas la peine, elle va me répondre vaguement ! » Bien sûr que je ne sais pas tout, mais également, nous ne pouvons tout vous dire... Nous vous mettons sur la voie : à vous de continuer. Mais il faut continuer votre recherche, ne pas vous installer dans un certain confort moral, vous devez toujours avancer pour faire avancer les autres... Ce n'est pas une vie d'ascète que nous vous demandons de vivre, mais une évolution spirituelle, une recherche des vraies valeurs. Votre vie matérielle a des contraintes (nous ne l'avons pas oublié !) mais il faut apprendre à les relativiser, à ne pas vous laisser submerger par ces contraintes, car, quand vous partirez « de l'autre côté », quand vous nous rejoindrez, vous abandonnerez tout et vous constaterez combien cela n'a plus aucune importance ! Il faut travailler sur ce point, ainsi vous évoluerez plus vite... Tu vas dire : « C'est facile, elles en parlent à leur aise (j'associe Pascale) elles n'ont aucun mérite. » C'est vrai maintenant, mais au début, surtout pour moi qui n'étais pas – ou peu – préparée, ce n'est pas simple... C'est pourquoi, comme nous vous aimons, nous voulons que vous, vous soyez prêts ! vous réaliserez la liberté fantastique, la légèreté, l'allégresse de ne plus avoir aucun souci matériel !

Bien sûr, vous êtes encore dans ce monde, et vous ne devez pas vivre dans une bulle, mais, je le redis, apprendre à vous en détacher, de ce monde si matériel !...

Je change de sujet, merci, Jean-Paul, de bousculer un peu maman pour le livre de messages. Elle est beaucoup moins motivée que pour le premier, et pourtant, ces messages sont importants.

Si tu l'acceptes, il faut qu'ils soient publiés, toujours dans la même optique, d'aider les autres et non pour raconter une belle histoire, et ce ne sera pas fini ! D'autres choses vous attendent... Ne vous creusez pas la tête... Laissez venir !

Alors, Jean-Paul, tu as trouvé Chantal adorable (!) [1] elle l'est, je l'aide au maxi, car je l'aime beaucoup. Mon départ l'a bouleversée, mais elle va mieux et prend un peu d'assurance. C'est vrai que nous étions très complices.

Ma « lettre » est un peu décousue, mais c'est que maman a été interrompue à plusieurs reprises. Pauvre maman, tu piaffais ce soir de ne pas pouvoir téléphoner le message à Jean-Paul, ne prends pas trop à cœur ce que te dit papa, il évolue à sa façon, qui n'est pas la tienne, ne sois pas si vulnérable, il en joue. Je sais que c'est difficile, mais tu dois travailler, toi, à te blinder.

Bonne nuit. Il est très tard, à bientôt, sans aucun doute. Pascale te redit tout son amour, Jean-Paul, tu es son aimé.

Je t'embrasse, ma petite mère, courage !

ISABELLE.

Surtout, ne vous découragez pas, ne perdez pas confiance.

Le 25 mars 1991.

Bonjour, maman, c'est ta journée « messages »... Puisque tu es lancée, ne nous arrêtons pas ! Il est vrai que les personnes qui ont perdu un être cher posent pratiquement toujours les mêmes questions dont les réponses sont dans le livre. Leur réaction est tout à fait normale et humaine, mais je ne peux leur dire que ce que j'ai déjà dit x fois. Ils veulent trop de détails, de précisions que je ne peux leur donner. Ce n'est pas mon rôle. Mon rôle est de les

1. Il s'agit de la cousine préférée d'Isabelle.

guider, de les conseiller, de leur donner une ligne de conduite *et* pour eux *et* pour aider leurs disparus.

Jean-Paul a été privilégié, même s'il trouve que mes réponses sont évasives ! Il a eu des choses fortes et belles. Il faut dire que, Pascale et moi, mobilisons toutes nos forces, pour l'aider à émerger, parce que nous l'aimons, parce que nous avons un travail à faire ensemble, parce que, avec les dons qu'il possède, il doit porter un témoignage qui aura beaucoup d'impact. Ne fais pas la sourde oreille, Jean-Paul, ne t'abrite pas derrière des pseudo-doutes, nous y arriverons, je te le garantis. Mais nous ne voulons et ne pouvons violer ta liberté... Tu chemines, tu chemines... avec des hauts et des bas, mais, bientôt, nous cheminerons ensemble !

Ces preuves « clin d'œil », que tu as eues, c'était pour t'aider à avancer dans ta démarche, c'était pour t'assurer que nous étions bien là, bien vivantes, pleines de forces... Mais aussi pour te préparer à ta mission, car nous avons tous une mission, dans votre monde et dans le nôtre... Et nous ne pouvons faillir à notre mission. Pour nous, c'est plus facile, nous la choisissons, avec l'aide de nos guides. et suivant notre degré d'évolution et nous l'accomplissons dans la joie, la lumière et l'amour. Pour vous, c'est plus difficile, j'en conviens, mais pour peu que vous soyez ouverts, réceptifs, à l'écoute, votre mission se précisera et nous mettons tout en œuvre pour vous aider... mais, pour cela, il faut vous dépouiller d'un certain égoïsme, d'un certain confort, d'une certaine tranquillité...

Vous rechignez, parfois ; vous vous faites tirer l'oreille, mais vous y arrivez, en fin de compte.

Nous vous demandons beaucoup, parce que vous avez beaucoup à donner. Toutes ces richesses ne doivent pas rester enfouies, mais être prodiguées, dispensées...

Le petit chat et la petite souris sont là, Jean-Paul, toute prêtes à t'inonder de lumière, de tendresse, d'amour pour peu que tu ouvres « les écluses de ton cœur ».

Pascale te redit son amour. Surtout, refuse la tristesse à l'approche de l'anniversaire de son départ. C'est sa vraie naissance, dans le bonheur, la félicité sans nuages et elle t'aime d'un amour plus fort, rayonnant, magnifié. Tu es et resteras son amour. Elle te veut heureux. Sois-en persuadé.

Elle te caresse, t'embrasse, te couve de sa tendresse immense. Moi, je te fais une grosse bise.

ISABELLE.

Tu vois, maman, le message a encore « dérapé » vers Jean-Paul. Crois-tu que ce soit le hasard ? Que nenni !

Le 3 avril 1991.

Bonsoir, ma petite mère ! Alors, on a pris un peu de répit ? C'est bien de te ménager ainsi de petites plages pour te re-vivifier, te ressourcer, et puis, l'ambiance du Thil t'est très bénéfique, c'est un lieu magique, plein de paix et de sérénité. Vous y faites aussi des rencontres extraordinaires, regarde tous ces Allemands éminents et brillants à qui tu as appris le « ban bourguignon » et le « se canto », ce sont des instants magnifiques.

Au retour, tu te sens à nouveau submergée... Jean-Paul a raison.

Bonjour, Jean-Paul ! il te faudrait faire une lettre où tu expliques aux gens qu'elle est ta mission, et ce qu'elle n'est pas... Mobilise ton énergie et ne te disperse pas... Pense au deuxième livre. Là aussi, Jean-Paul t'aidera à trouver la bonne solution. Comment vas-tu J.-P. ? (Je deviens familière !) Nous savons, Pascale et moi, ton évolution, le travail en profondeur qui se fait, peut-être à ton insu, nous ne te lâchons pas, même si tu nous juges silencieuses...

Surtout, à l'approche de l'anniversaire de Pascale, ne te renferme pas dans ta tour d'ivoire. Pascale te le demande. Essaie, au contraire, de convaincre tous ceux qui l'aiment, sa maman en particulier, qu'elle a accédé à la Vie, au bonheur, à la sérénité, à la plénitude. C'est beaucoup demander, nous le savons, mais il faut dépasser ces sentiments de frustration, de tristesse. Vous en serez tellement « récompensés » ! Fuyez le négatif, le morbide... Allez vers la beauté, le positif. Tout le monde y trouvera son compte. Le printemps vient après l'hiver, l'aurore après la nuit la plus sombre. Il faut du temps. Mais... après, quelle magnificence ? Nous vous modelons si vous acceptez, en profondeur, de vous laisser modeler ! nous ne pouvons et ne voulons rien vous imposer, nous sommes, sur votre épaule, comme un petit oiseau, ouvrez vos oreilles, ouvrez vos yeux et... vous entendrez... et vous verrez. Ta démarche d'aller revoir ce médium, Jean-Paul, est tout à fait valable et normale. (Maman a fait la même chose !) Peut-être auras-tu une synthèse et une confirmation de tout ce qui se passe depuis un moment autour de toi !

Je le souhaite vivement, Pascale également.

Amour et espoir sont nos maîtres mots.

Qu'ils deviennent votre réalité.

Nous vous embrassons de tout notre amour.

ISABELLE.

Maman a tardé à te délivrer ce message, elle pense que tu en es moins « friand », se trompe-t-elle ? A toi de lui donner ta réponse, en toute honnêteté.

À bientôt ?

Le 6 avril 1991.

Bonsoir, ma petite maman, bonsoir, mon ami Jean-Paul. Mais oui, nous vous associons tous les deux, Pascale et moi, dans notre cœur, dans notre pensée, car nous vous aimons particulièrement, tous les deux et, comme je vous l'ai déjà dit plusieurs fois, nous avons un travail à faire tous les quatre. Ne vous inquiétez pas de ce que peuvent dire ou penser les uns et les autres. Vous, vous savez ! nous, nous savons ! « Les chiens aboient, la caravane passe. » Ne vous laissez pas troubler, perturber, suivez votre chemin, laissez-vous guider et rien de mal ne peut vous arriver. Nous vous protégeons au maximum.

Tu vois, Jean-Paul, c'est toi qui donne, à ton tour, de bons conseils à maman. Il a raison, maman, il faut que tu prennes de la distance : trop de choses te troublent, te tracassent inutilement. Garde tes forces positives, essaie de te blinder, de te préserver. Tu as un travail important à accomplir et tu as besoin de toute ton énergie. Votre amitié est très forte et très belle. Elle n'est pas le fruit du hasard : il devait en être ainsi.

Tu sais, Jean-Paul, nous sommes heureuses quand tu émerges de tes ténèbres, quand tu crées ces beaux poèmes lumineux et sereins... quand tu apprécies les petits bonheurs, les petites joies. Même si, tu ne poses plus de questions « par écrit », nous savons les questions qui te tourmentent et nous sommes vigilantes, si tendrement attentives ! Moi aussi, je t'aime beaucoup, depuis que je connais Pascale... Nous sommes très liées, moi qui avais toujours rêvé de trouver une véritable amie, moi qui me désolais de ma soif d'absolu... Eh bien, je l'ai rencontré et ici, c'est tellement plus fort que dans votre monde ! nous sommes dépouillées de tout égoïsme, de toute envie, de toute jalousie, notre amité est sublime et notre amour pour vous, immense.

Tu sais, Jean-Paul que tu peux compter sur maman pour t'aider, de toutes les façons possibles, comme elle peut compter sur toi.

Vous avez un point commun : la fidélité en amitié et c'est terriblement important, surtout quand vous vivez des périodes d'épreuves, de révolte, de doutes. Ces périodes douloureuses vous rapprochent parce que vous ressentez les mêmes choses. Maman a plus de temps passé depuis mon départ. Elle a fait un long cheminement que tu commences à faire. Je te l'ai dit : elle est un peu « en avant » mais elle ne te perd pas de vue, d'ailleurs, nous la rappellerions à l'ordre. Comme dit le renard dans *Le Petit Prince* : on est responsable de celui que l'on a apprivoisé (ce ne sont pas tout à fait les termes – pardon, M. de Saint-Exupéry ! mais le sens est identique).

Continue, Jean-Paul, nous t'aidons, Pascale te sur-veille, te protège, t'entoure de son amour. Nous garderons le lien, même si tu ne nous interroges plus. Tu es dans notre univers, nous t'avons à l'œil, (mais sans voyeurisme) nous t'enveloppons de toute notre tendresse. Tu n'es pas seul !

À bientôt, mon ami. Pascale te dit et te redit son amour lumineux, rayonnant, mirifique, ensoleillé pour chasser toutes les tristesses de ton cœur blessé. Elle t'embrasse de toutes ses forces.

Moi, je t'embrasse, ma petite mère, de toute mon âme.

Papa lui donne beaucoup de soucis en ce moment. Je veille au grain.

ISABELLE.

Soyez fiers de votre amitié, de votre affection. Elle vient d'ailleurs, n'en doutez pas ! Ne laissez rien ternir, au contraire, faites-la briller. Nous vous aimons.

Le 10 avril 1991.

Bonjour, ma petite mère ! puisque te voilà lancée ! Le canal est ouvert : profitons-en ! Tous ces gens, ces jeunes qui te (me) posent des questions auxquelles je ne peux pas répondre ! Ils voudraient qu'on leur supprime tous les obstacles, mais ce n'est pas possible. Chacun doit déblayer sa route, avec notre aide, mais il faut qu'ils prennent leur pelle, leur pioche !... Ce serait trop facile ! Nous-mêmes, qui sommes de « l'autre côté », pour en arriver là, il nous a fallu nous battre, souffrir, avoir des épreuves dans notre vie... D'accord, nous vivons maintenant « le paradis » mais il y a eu des enfers ! Nous vous guidons, nous vous aidons, nous vous « soufflons », avec tout notre amour, mais nous ne pouvons pas tout vous dire et tout aplanir... Vous voudriez des détails plus précis ? (salut, Jean-Paul !) mais sur quoi ! Sur notre vie ? Elle est archi-remplie entre nos missions (pour moi, aider surtout les jeunes dans les deux mondes, pour Pascale, aider ceux qui « résistent », dans les deux mondes) donc, entre nos missions, nos voyages, notre apprentissage (selon nos dons et nos talents) nous n'avons pas le temps de chômer ! Mais nous le faisons sans limites, sans fatigue et avec un tel amour ! Mais notre priorité, c'est d'aider ceux que nous aimons, pour qu'à leur tour, ils puissent aider les autres... d'où ces relais, ces chaînes d'amitié et d'amour, ces rencontres, etc.

Pascale est un être d'exception, je l'ai déjà dit à Jean-Paul : elle est venue « d'ailleurs », sur son chemin, pour peu de temps pour l'aider à l'évoluer, pour donner un grand souffle de vie au « noir corbeau, qui vole vers l'azur » (*sic ?*) Tu comprends, maman, pourquoi nous sommes si liées ! dans votre monde, elle était plus évoluée que moi... Mais comme je suis partie avant elle, nous nous sommes re-connues. Elle a une pureté, une force incroyable, ce qui lui permet d'affronter sa mission sans se brûler les ailes. Nos guides y veillent et ne nous demandent que ce que nous pouvons accomplir. Avec son départ, Jean-Paul prend la mesure de sa valeur. Il en est ainsi pour beaucoup ! Sans nous idéaliser, sans nous sanctifier, car nous avions des défauts, notre court séjour était pour *nous* purifier et *vous* purifier, vous faire évoluer, vous sortir de votre quotidien, vous faire réviser l'échelle des valeurs (tu as entendu les trois coups de téléphone, tu as vu le papillon ?) coïncidence ?... Bien sûr que non ! mais toi, tu n'as plus besoin de preuves... et le petit chat qui joue avec le papillon ! quel symbole !... Car nous sommes gaies comme des pinsons, toutes les deux, sauf quand nous vous savons tristes ou anxieux ! Tu sais, Jean-Paul, Pascale t'a voué et te voue un amour peu commun ! d'une qualité exceptionnelle... Essaie d'être serein, de ne pas t'enfoncer dans la tristesse, à l'approche de la date de son « départ ». Essaie de te dépouiller de tout égoïsme, en pensant qu'elle est heureuse et qu'ainsi elle pourra te rendre plus heureux. Pascale est une blanche colombe... rien ne peut ternir sa pureté, sa droiture. Je te le garantis !

Elle t'embrasse, Jean-Paul, avec toute sa force rayonnante... Tout est oublié, balayé, tout ce qui a pu être heurts et souffrances. Seul, reste son amour, un amour que tu ne peux imaginer !

Moi, je vous embrasse, maman et toi.

Haut les cœurs !

ISABELLE.

Tu accepteras ta « mission », Jean-Paul, même si elle te bouscule. Tout se fera en temps voulu.

Nous en reparlerons.

Le 13 avril 1991.

Bonsoir, maman. Ah ! que nous sommes heureuses quand vous passez des instants comme aujourd'hui ! Vous devriez les renouveler plus souvent. Il y a un tel courant, une telle complicité entre vous... Croyez-vous qu'elle soit fortuite ? Quand tu penses qu'il y a quelques mois, vous ne vous connaissiez pas !... Et regardez cette chaîne magnifique qui s'est soudée. Jean-Paul, tu fais des pas de géant, en ce moment. T'en rends-tu compte ? Es-tu conscient, aussi, de l'amitié formidable, authentique, porteuse d'amour et d'espoir qui t'entoure, qui te cerne, qui te protège ? Tu as un noyau précieux auprès de toi... Seule la qualité compte. Laisse tomber les faux amis, les faux oripeaux, les faux-semblants. Va à l'essentiel ! Pascale t'y pousse : tu sais, de notre côté, elle a perdu toute sa « sauvagerie », toute sa timidité, toute sa réserve... Elle est complètement libérée et épanouie, elle n'a plus peur, elle vit dans l'enthousiasme, dans l'émerveillement, dans la réalisation de tout ce qu'elle ressentait et ne pouvait exprimer. Tu as côtoyé une âme merveilleuse et elle t'était destinée, de tout temps ; ne sois pas triste de ne pas l'avoir totalement re-connue (il en est souvent ainsi !) mais réjouis-toi, maintenant, car quoi que tu en penses, elle ne t'abandonne pas, elle ne se moque pas de ce que tu deviens, elle n'oublie rien, mais elle sait, maintenant, ce qui est bon pour toi. Elle te suit, te guide, te téléguide, tu as une alliée précieuse et tellement aimante !

Bien sûr que vous ne pouvez pas abandonner vos « vieux copains » d'un seul coup, que vous êtes humains, mais vous verrez, tout se décantera petit à petit. Vous avez déjà relativisé beaucoup de choses et vous continuerez, je dis : vous, car je mets maman dans ce message. Je sais l'évolution profonde qui s'est opérée en elle, mais il a fallu du temps, et ce n'est pas terminé. Mais il fallait cette transformation en profondeur, cette certitude pour qu'elle puisse transmettre tous ces messages, en priorité les tiens... Priorité qui l'a perturbée, troublée, ennuyée quelquefois dans sa tranquillité récente, mais qu'elle comprend, maintenant (surtout depuis qu'elle a mieux perçu Pascale à travers son long plaidoyer... plaidoyer d'amour !) Elle « n'écrit » pas pour te faire ou se faire plaisir... Souvent, elle a envie de faire autre chose, mais parce qu'elle ne peut pas faire autrement... Je la tarabuste tellement !

(Tu entends mon coucou ?) Au grand dam de beaucoup de personnes, à travers moi, tu es devenu sa priorité, parce qu'il y a urgence. Je sais... je suis vague, mystérieuse et tout et tout, mais... tu comprendras ! Ne sois pas trop dur avec le (la) médium, son explication est très plausible. Je te fais confiance : tu ne risques pas de te faire berner ! c'est un(e) bon(ne) médium, j'espère qu'elle sera bien inspirée. Attention aux ondes négatives ! Elle aussi, elle est humaine et sujette à quelques erreurs... sois indulgent, je n'ai pas dit crédule, mais là... je ne me fais pas de souci !

Nous t'aimons, Jean-Paul, tel que tu es, mais nous te voulons encore mieux. Mais si, tu as déjà beaucoup changé, nous, nous le savons et certaines personnes, de ton entourage, s'en rendent compte.

Maman nous appelait désespérément, hier, *pour toi*... Mais nous étions là, Pascale surtout évidemment ! je peux te le certifier !

Maman a eu des signes... mais elle n'en a plus besoin.

Toi, tu les quémandes ! Tu les auras peut-être, au moment où tu ne t'y attendras pas. Ce n'est pas du sadisme, mais l'éducation de l'attente, de la patience, du travail intérieur.

Il est tard, tu tombes de sommeil, maman, à une autre fois !

Pascale, je répète, Pascale est là, présente, aimante, omniprésente, plus rayonnante que jamais !

Nous vous embrassons de toutes nos forces vives, puisez-en nous !

ISABELLE.

Tu es moins avide des messages... peut-être n'en as-tu plus besoin ?

Le 18 avril 1991.

Bonsoir, Jean-Paul ! (Ce n'est pas moi, mais maman qui a pris la feuille qui lui tombait sous la main.)

Tu me réjouis de si bien lire mes messages, de si bien les analyser, de te poser autant de questions, c'est leur but ! Tu trouves que je parle beaucoup de l'amitié ? Mais, bien sûr... car l'amitié est terriblement importante pour vous. Ces liens d'amitié sont vitaux. Je ne veux certes pas insinuer que tu es infidèle en amitié, ou vouloir te convaincre, mais simplement, sans aucune arrière-pensée, vous faire prendre conscience que, seule, l'amitié (la vraie) peut vous aider et vous sauver, vous qui vivez la même épreuve, vous qui parlez le même langage... un langage un peu particulier pour beaucoup de gens.

« Il ne faut pas oublier qu'il est un principe qui résiste à toute démonstration, à toute discussion et qui ne peut manquer de maintenir l'homme dans une ignorance sempiternelle. Ce principe... c'est de *mépriser* avant même de s'enquérir ! » Nombre de gens en sont encore là, c'est à vous de leur prouver le contraire, par votre attitude, votre conviction profonde, votre sérénité, votre sens des réalités.

Ce qui se passe après la mort est si indiciblement glorieux que votre imagination et vos sentiments ne suffisent pas à vous en donner une représentation, même approximative, ce n'est pas de moi mais de Carl Jung, mais c'est ce que je m'évertue à vous dire depuis longtemps. Ne dites pas « je n'ai pas connaissance de telle chose, donc elle est fausse », il faut apprendre pour connaître, connaître pour comprendre, comprendre pour juger...

Pour en revenir à l'amitié, je suis ton amie, Pascale est ton aimée-amie, nous sommes amies. De votre côté c'est la même chose, et, je le répète, c'est un trésor fabuleux et authentique.

Comment percevras-tu ta rencontre avec le médium ? C'est curieux que tu y ailles le même jour que la jeune prof du collège ! (C'est maman qui l'a lui a envoyée...)

Confiance, Jean-Paul, nous sommes bien là, nous vous tendons les bras et la lumière... Acceptez tout, laissez-vous embrasser et embraser...

Pascale t'aime – ô combien ! – restes-en persuadé. Moi, je te fais une grosse bise.

ISABELLE.

Le soleil perce à travers les giboulées. Cela seul compte : la lumière et la chaleur du soleil...

Le 22 avril 1991.

Bonsoir, maman ; bonsoir, Jean-Paul, oui, je sais, tu ne poses plus de questions, tu es déçu, mais nous n'allons pas te lâcher comme ça, Pascale et moi. Nous t'aimons trop ! (Peut-être vas-tu regretter ta quiétude d'antan ?)

Nous sommes toujours heureuses quand vous vous rencontrez maman et toi. C'est mieux que le téléphone ! (Interruption par le coup de fil de Jean-Paul. Tu crois que c'est le hasard ? Bien sûr que non !) D'ailleurs, tu voyais mon sourire complice...

Mon « pauvre » Jean-Paul, je sais que nous te demandons beaucoup, parce que tu peux donner beaucoup. Tu es très intelligent (mais si... mais si... !) mais tu ne veux pas encore reconnaître l'étincelle divine qui est en toi. Tu souffres, sûrement plus que d'autres, par ta sensibilité, des conflits intérieurs qui t'habitent, des confusions, vous aspirez tous à la paix, la seule voie qui peut vous y conduire passe par l'intelligence du cœur et non par celle de l'esprit. Mais un jour viendra où toi, le sceptique, tu voudras absolument savoir... mais pour cela, il faut un grand bouleversement intérieur, il faut changer ses conceptions, ce qui veut dire changer toi-même. Dans cette démarche vous avez besoin du réconfort et de la sécurité de votre monde familier. À mesure que vous comprendrez vous vous apercevrez que ce qu'il vous reste à apprendre dépasse votre entendement. Pour progresser, il faut découvrir les différents aspects de vous-mêmes, et ensuite les vivre. C'est une lutte véritable mais une lutte vers la pure conscience... mais nous vous aidons dans cette lutte. Tu ne t'es jamais demandé d'où te venaient certaines idées, certaines inspirations ? Ne te cabre pas ! de toi, bien sûr, mais aussi des guides spirituels (en priorité Pascale !) et aussi une sorte de réminiscence de facultés que tu pouvais avoir dans une vie antérieure. Regarde Mozart !

« Regarde et explore en toi-même. Il ne faut pas vous cantonner dans une superficialité reposante, il ne faut pas redouter d'affronter le neuf et l'inconnu, redouter d'affronter ce qui peut vous élever, vous changer, mieux comprendre notre monde. Votre tâche est de découvrir le divin en vous et de vivre en accord avec lui.

Tout âme sera un jour confrontée à elle-même. Alors, autant commencer tout de suite, et gagner ainsi, plus vite, la paix et la sérénité. Vous avez tous un rôle à jouer dans la vie, mais, parfois, vous aimeriez mieux être celui qui cultive le jardin que celui qui le garde ? (N'est-ce pas, maman ?)

Assez « sermonné » pour aujourd'hui ! vous allez me trouver rabat-joie, bonnet de nuit, etc. mais seul, mon amour, notre amour pour vous nous guide.

Pascale est tout à fait du même avis... Tu verras, si tu prends le relais !

Nous vous adorons.

ISABELLE.

À très bientôt ! nous n'allons pas nous quitter ainsi !

Le 26 avril 1991.

Alors... Bonsoir, Jean-Paul ! Il paraît que tu boudes ? Nous n'en sommes pas offensées... Au contraire, très amusées... car, tu sais, bouderie ou pas, le résultat sera le même ! Nous ne te lâchons pas, que tu le veuilles ou non. Notre présence est très discrète (trop discrète à ton goût) mais nous n'en sommes pas moins là, omniprésentes. Tu as eu des preuves : par Mme Simonet, par maman mais tu en veux toujours et toujours... Tu as pourtant été gâté par rapport à tant de gens qui n'ont *rien*. Forcer la dose ne sert à rien tu progresses à ton propre pas, tu apprends à ton propre rythme, mais n'oublie pas de regarder et d'explorer en toi-même. Tu n'en prends pas le temps ou tu ne veux pas le prendre. Tu restes sur le qui-vive, prends-tu le temps d'écouter un chant d'oiseau, de regarder le printemps et, surtout, d'écouter ta voix intérieure ? Ce qui te semble avoir du sens exige de toi un constant effort. Tu clames ton besoin d'authenticité, mais cela dépasse-t-il vraiment les mots ? Ne m'en veux pas, je ne veux pas être dure, mais je transmets les pensées de Pascale, et les miennes. Il faut essayer de sonder ton propre abîme, dans un élan de survie, pour aller vers les cimes. « Il faut parvenir à *être* et non pas à *faire*. Ton destin résulte de ce que ton âme accomplit, de ce dont elle prend conscience. Rien ne s'élude. Ne diffère pas le face-à-face ! nous t'aimons, Jean-Paul, et nous voulons que tu émerges. De grandes choses t'attendent, nous sommes là pour t'aider à les réaliser, il faut te défier de la défiance, du scepticisme qui décourage les idées stimulantes et les perceptions nouvelles. Bon gré mal gré, tout être doit faire l'expérience de sa propre réalité. »

Pour cueillir le fruit, il faut s'aventurer sur la branche, maxime à méditer ! Il faut se fier davantage à ses sentiments et non à un point de vue intellectuel. La perception sensible est illimitée, il faut se fier à son cœur... ou à son « intuition ». Tu as toujours aimé la Bible, je crois ? elle a été souvent mal interprétée mais elle détient la Vérité. Il faut garder l'écoute. La Vérité divine, tout le monde la détient en naissant, mais les hommes obscurcissent souvent et oublient, qu'elle est *en* eux...

Ce n'est pas du « prêchi-prêcha » mais la réalité, notre réalité et la vôtre, si vous l'acceptez.

Pascale t'aime, Jean-Paul, bien plus et bien mieux qu'avant ! Tu ne peux pas ne pas l'écouter et l'entendre.

Je t'embrasse, moi aussi (ainsi que maman !) soit indulgent !

ISABELLE.

Tu as vu « notre » beau jardin ? Vous en avez un à l'intérieur... à cultiver !...

Le 2 mai 1991.

Bonjour, Jean-Paul... Tu veux notre avis sur le médium que tu as rencontré, c'est bien ça ? Je te l'avais déjà donné avant, et je maintiens ce que je t'ai dit : c'est un bon médium, ce n'est pas une simulatrice ni une illuminée, mais elle est humaine et, comme telle, elle peut avoir des défaillances. Elle est l'instrument par lequel s'expriment des entités sprituelles, mais elle n'est qu'un instrument ! Et puis, tout dépend des vibrations qu'elle perçoit ! En tout état de cause, on ne peut douter de son honnêteté ! Ne sois pas contrarié, ami « ténébreux » ! Tu vas en sortir de tes ténèbres. Je répète que tu as l'étincelle divine en toi. En étant sceptique, tu te fuies toi-même. Quand ton esprit percevra une extension de ses dimensions, alors la paix et la plénitude te gagneront. Toute vérité est simple, mais l'homme s'ingénie à la compliquer. Il faut découvrir tout ce qui vous compose, et le vivre. C'est une lutte très forte, une lutte vers la conscience pure ! Tout le monde aspire à la paix, mais seule, l'intelligence du cœur, je le redis, avec force, vous permet de l'acquérir. Tu étais content que je fasse référence à la Bible ? C'est un véritable trésor, même les extra-terrestres y sont mentionnés ! Ils apparaissent toujours quand le monde a un besoin urgent de spiritualité. Ils apportent l'espoir et une compréhension supérieure à la vôtre.

Dieu est amour. Quand votre pensée se fait amour, vous vibrez au plus haut degré d'énergie car la pensée est énergie. Alors... pensées positives = énergie positive (et le contraire !) essaie, Jean-Paul : je te donne un « tuyau » ! Essaie de te concentrer sur ce qui te rendrait heureux, et tu sentiras... un sentiment de calme et de paix avec toi-même. Mais il faut, aussi, se connaître, se bien connaître pour savoir ce qu'on veut ! Et si tu commences à éprouver un peu de paix intérieure, il ne dépend que de toi de l'épanouir... Le bonheur est tout simple : il suffit de savoir à quoi l'on croit.

Oui, je sais... Pour nous, c'est facile de vous donner tous ces conseils, mais ce sont les seuls qui peuvent vous faire accéder à la vérité, notre vérité, que nous voulons, tant vous faire partager...

Nous vous avons précédés... et ce n'est pas sans raison !

Nous vous embrassons de toute notre âme ! Elle seule compte ! Le corps n'est pas sa maison provisoire.

ISABELLE.

La suite... au prochain numéro ! (si tu n'es pas fatigué de mes leçons !).

Le 6 mai 1991.

Ah ! les jolies bulles irisées ! Bonsoir, maman, bonsoir Jean-Paul...

Eh oui, nous vous adressons encore à toi, malgré ou à cause de ton scepticisme, de ta réserve. Quand le soleil t'éblouira, pense à bien te protéger les yeux, car la révélation sera fulgurante. Tu en as déjà senti les prémices, souviens-toi ! Nous y arriverons à te faire franchir le cap de la découverte ! Mais si, c'est toi qui bloques, ce n'est pas nous, au contraire, nous te « titillons » autant que possible. Sans doute as-tu peur d'être (trop) dérangé. Je connais bien cette réaction, maman l'a eue très longtemps. Tu penses qu'elle a la tête trop dans les étoiles ou les nuages ? Pas du tout, sûrement pas assez ! À mon goût, elle a trop les pieds enracinés (mais c'est aussi ce qui la sauve), mais comme toi, elle a des possibilités qu'elle n'exploite pas ! Qu'il est dur de vous faire décoller et d'accepter de vous laisser totalement imprégner, de vous laisser envahir, inonder par la lumière de notre vie. Vous opposez souvent une force d'inertie terrible. Vous préférez sans doute la tiédeur ! C'est vrai que nous vous bousculons dans votre quiétude, dans votre « ron-ron », dans votre torpeur, mais c'est pour votre bien et pour celui des autres, par ricochet. Vous avez encore une lourde gangue à décanter. Le diamant est là qui ne demande qu'à être découvert, qu'à être travaillé, facetté, pour étinceler de ses mille feux. « Il faut vous voir tels que vous êtes et dans la situation où vous êtes. Il faut arriver à tirer partie des réserves insoupçonnées qui sont ensevelies au fond de vous. La souffrance est souvent ce repère dont vous avez besoin pour aller à la découverte de ce que vous êtes et du potentiel qu'il y a en vous, à condition que vous puissiez rassembler assez de force pour le faire. Cette force, nous vous l'insufflons et lorsque le ciel et la terre se superposent, vous obtenez la paix. La lumière est à portée de votre main, de votre cœur, mais certains aiment mieux l'obscurité que la lumière ! Votre état présent est un état d'enfance, l'état futur sera l'état d'adulte... Telle est la différence entre la terre et le ciel, et l'amour est la réalité finale. « Rien au monde n'a autant de force que la révolution de l'amour », amour sous toutes ses formes. L'amour ne parle jamais de sacrifices, il voit davantage que l'œil naturel. Il n'est pas affecté par la critique. Il est toujours prêt à être surpris favorablement. Il n'engendre pas seulement l'amour, il transmet la force. Il ne cède pas à la provocation, il triomphe de tout. C'est un feu qu'il faut nourrir, et attiser, et l'amour prend patience ! « La patience est une plante amère, mais elle donne des fruits sucrés »... Alors, patience ! Nous vous aimons de cet amour-là qui veut votre bonheur. »

Nous vous embrassons de tout cet amour.

ISABELLE.

Vous avez de l'amour en fusion sur votre tête... des charbons ardents mais qui ne vous brûlent pas... un amour éternel !

Le 13 mai 1991.

Alors, ma petite mère, on s'endort sur ses lauriers ? On fait la sourde oreille ? Pourtant, j'ai mis le paquet avec tous mes craquements ! Je sais !... Je te bouscule, mais il le faut. Tu aurais tendance à ronronner sur tes acquis ! Mais il faut aller plus loin...

Bonjour, Jean-Paul ! Oh ! non, je ne suis pas devenue une « bonne sœur » (c'était le désir de mon père et qu'est-ce que je pouvais tempêter quand il en parlait !) Non, je suis sans doute très moralisatrice, mais c'est parce que je veux vous transmettre ce qui est vrai, ce qui est bon, ce qui est juste, pour vous aider à évoluer plus vite et à accomplir, plus vite, aussi votre mission. Votre évolution est suffisante pour me recevoir. Les messages vous arrivent clairement il est temps de commencer votre vraie évolution et votre engagement. Je suis là pour ça... Nous aidons et nous voulons aider tous ceux qui sont prêts à recevoir le meilleur d'eux-mêmes et à vivre avec des buts, plus élevés. Nous vous aidons à comprendre vos émotions et à évoluer vers une plus grande conscience. Vous ne pouvez plus stagner ! Nous voulons vous aider à découvrir que vous pouvez créer la joie, la paix, et croire en vous-mêmes en tant qu'êtres d'amour.

J'essaie de vous aider à découvrir ce qui est *important* dans votre vie, afin que vos décisions soient les réflexions de votre âme, et non de votre personnalité. « Vous êtes, chacun, un être de lumière et de perfection, faisant l'expérience de la vie sur terre, évoluant, grandissant et apprenant à exprimer la lumière de votre âme dans votre monde de la forme et de la matière. Vous êtes à l'avant-garde d'un mouvement nouveau... Vous êtes étudiants, mais, bientôt, vous enseignerez ! »

Je veux vous aider à atteindre votre âme, à l'éveiller et à découvrir la joie qui vous attend quand vous regarderez au travers des fenêtres de votre âme. C'est ta recherche « d'azur », Jean-Paul, cet azur qui te fascine mais qui te fait, aussi, peut-être un peu peur ! Il faut accepter de sortir de ses ténèbres. Vous devez aider à l'implantation du monde nouveau qui se prépare. Tu as tous les outils, tous les instruments, Jean-Paul : ta créativité, ton inspiration, tes poèmes, ton imagination, ta sensibilité, à toi de les faire vibrer, ces instruments, pour appréhender et sensibiliser les autres.

Vous ne pouvez faire éclore la paix dans votre monde, qu'en la faisant fleurir dans votre vie de tous les jours... Mais, surtout, ne vous prenez pas au sérieux ! riez et jouez !... L'humour est nécessaire, c'est un art raffiné, c'est peut-être l'une des plus grandes routes vers l'amour de soi ! Et tu as beaucoup d'humour, Jean-Paul ! (Tu vas peut-être trouver que j'en manque, et pourtant, si tu savais... Pascale et moi nous nous en régalons...)

Au revoir, tous les deux ! Pascale t'attend, Jean-Paul, je ne suis que la messagère...

ISABELLE.

« Regardez votre *être supérieur* et votre être inférieur se desséchera par manque d'attention ! »

Le 15 mai 1991.

Bonjour, Jean-Paul ? Que veux-tu que je te dise ? Que je te donne des détails de ce qui s'est passé chez Carole pour te prouver une fois de plus, que nous sommes là, près de vous, que nous vous faisons des signes, que nous vous guidons ? Les détails, tu les connais, et c'est une autre sorte de piège que tu veux nous tendre... Tu ne vas pas être content. Je te dirai simplement comme je t'ai toujours dit que, *oui*, nous sommes là, prêtes à nous manifester. Carole est plus prête, plus ouverte que toi, et puis... il y a Axel ! À travers lui se passent et se passeront des choses magnifiques, pour peu que vous soyez attentifs, et nous savons que Carole est très attentive ! Elle a peur, très longtemps, à cause de ce petit bout d'ange et elle a réfréné sa médiumnité, d'où ses doutes, son incertitude, mais elle chemine, elle aussi et accepte, plus volontiers, cette incursion de l'Au-delà dans sa vie. Axel est encore dans l'Au-delà, il fait la passerelle visible et tangible entre nos deux mondes. C'est un arc-en-ciel ! À travers lui, vous découvrirez beaucoup de nos vérités, et alors là... vous y croirez.

Combien de preuves te faudra-t-il, Jean-Paul ? Si tu n'étais pas dans notre amour, nous ne nous serions pas ainsi obstinées, Pascale et moi. Moi qui ne suis pas le porte-parole de Pascale, dont je partage complètement la philosophie nouvelle, expérimentale, dont je partage l'amour pour vous... et elle t'aime, elle vous aime ! Crois-tu que tu aurais autant de messages, même si tu les trouves « bateau », « vagues » etc. (joli, le rapprochement, non ?) tu es le seul à avoir cette faveur. Tu peux demander à maman. Alors il y a bien une raison ! Maman a des signes, Carole a des signes... « Pourquoi pas moi ? » dis-tu ! parce que, au fond de toi, tu rechignes, tu renâcles, tu te tortures, tu doutes, mais si !... mais si !... Tu ne veux pas encore abattre les barrières que tu as dressées autour de toi, parce que tu as un peu peur de ce que tu découvrirais derrière ces barrières... Ne nous en veux pas, Jean-Paul, nous essayons, de toute notre âme, de te faire sortir de ta carapace et nous y arriverons... avec le temps !

La clef essentielle : sois positif ! Aie confiance ! Tout le reste te sera donné de surcroît. Tu as des aides merveilleuses et puissantes dans les deux mondes, tu es un enfant gâté !

Pas de rancune, Jean-Paul ! Seuls, je le redis, notre tendresse, l'amour immense de Pascale nous guident. Un amour inconditionnel, inimaginable dans votre monde. Pascale est là, présente, rayonnante, aimante, resplendissante, accueille-là !

Nous vous embrassons, de toutes nos forces.

ISABELLE.

Vas-y, « noir corbeau », tu as des ailes assez fortes pour voler vers l'azur ! Tu n'es plus un oisillon !...

Le 21 mai 1991.

Bonjour, maman ; bonjour, Jean-Paul.

Non, nous ne boudons pas, simplement maman n'était pas disponible. Nous ne sommes pas insensibles à vos demandes, à vos appels, loin de là ! Si nous pouvions, nous vous donnerions toutes les clés, mais il faut que votre travail intérieur se fasse, que vous ouvriez toutes les serrures pour accéder au trésor ! Il se passe et il se passera des choses très fortes chez Carole, la présence d'Axel est primordiale, il est le lien tangible entre nos deux mondes, il est toute pureté, toute innocence, toute candeur, toute fraîcheur et il sait beaucoup de choses que vous avez oubliées ou perdues. Il est, lui aussi, notre porte-parole, notre messager, restez donc très à l'écoute !

Il y a plein de signes autour de toi, Jean-Paul, chez tous tes proches, tes amis, mais tu en doutes. Tu veux des certitudes, tu les auras, mais peut-être pas dans le sens où tu les cherches. Tu n'es pas encore tout à fait prêt, même si tu penses le contraire... Nous ne sommes pas « inhumaines » (!), machiavéliques, mais, pour l'instant, nous ne pouvons t'en donner plus ! De toute façon, n'ayez aucune crainte, que vos cheveux ne se hérissent pas sur vos têtes, quand il y a des signes, des manifestations ! Vous êtes super-protégés, tout est bénéfique, positif. Vous n'avez pas à les redouter, au contraire ! C'est une faveur, un clin d'œil d'amour et de connivence... « Mêmes vos instants les plus sombres portent en eux une étincelle d'amour. Mais ne perdez pas votre temps à ressasser les raisons pour lesquelles « ça ne va pas » ! Centrez-vous sur les améliorations possibles, ainsi vous amplifiez vos vibrations. L'amour est infiniment plus fort que la colère, le ressentiment ou la peur. Transmettez-le par votre toucher, par vos paroles, par votre regard, par vos sentiments et vous pourrez effacer, en un seul acte d'amour, des milliers d'actes inférieurs. Là est la clé ! l'évolution n'est pas la promotion professionnelle, le compte en banque... L'évolution se fait à travers la joie, l'amour de soi, la capacité à recevoir, le changement du négatif en positif... tout un programme. Pensez et devenez *clairs*. La clarté est une énergie fine et lumineuse qui vous permet de participer à un futur plus joyeux... si vous l'acceptez. »

Encore une (belle ?) leçon, vas-tu penser, Jean-Paul, mais je te promets que nous « y » arriverons ! Nous ferons fleurir, ensemble, le meilleur de toi-même.

Nous t'embrassons.

ISABELLE.

Si tu *croyais réellement* obtenir ce que tu demandes, tu l'aurais déjà ! Je me répète, mais c'est tellement important !

Le 11 juin 1991.

Bonjour Jean-Paul, non, nous ne t'avons pas abandonné, ne crois pas que nous soyons insensibles à ta souffrance, à ta détresse, à ta traversée du désert. Bien au contraire, nous en sommes tristes pour toi. Ce que nous cherchons à obtenir, c'est ta joie, ta quiétude, ta « transfiguration », mais c'est long à venir, c'est douloureux, il faut du temps ! Tu dis que tu veux encore une preuve, mais c'est un prétexte, et puis, tu l'as eue ta preuve, au fond, tout au fond de toi, tu sais que tout est vrai, que ce ne sont pas des fariboles, des inventions, que nous existons mille fois mieux que vous, que nous sommes mille fois plus vivantes que vous, que nous vous aimons mille fois mieux que vous, mais tu as encore peur ! Et puis, tu n'as pas trop envie de sortir de cet « obscur » qui te nourrit, d'aller vers cet « azur », qui, pourtant, te fascine. Il y a cette dualité en toi, et puis, tu n'as pas assez confiance en toi, tu as trop besoin du reflet des autres pour exister, alors que tu es unique ! Toi seul dois prouver ta vraie valeur, non par ce que tu affiches, mais par ce que tu *es* au plus profond de toi. Tu écris des poèmes magnifiques, tu as une imagination débordante, une sensibilité exacerbée, un esprit créatif extraordinaire, mais, derrière toute cette production, derrière tous ces mots, où est le *vrai* Jean-Paul ? C'est lui que tu dois trouver, il existe, nous le connaissons ! C'est lui que tu dois faire naître, mettre au monde. C'est un accouchement difficile, nous le savons, mais c'est seulement à partir de là que tu trouveras ce que tu cherches désespérément... C'est un long travail, un long cheminement, ô toi, l'homme toujours pressé ! sois rassuré, tu es aimé, Jean-Paul, peut-être plus que beaucoup d'autres ! Tu es aimé dans notre monde (Pascale ne t'a pas quitté, ne t'a pas abandonné, elle t'aime infiniment). Tu es aimé aussi, dans votre monde, alors de quoi as-tu peur ? De te trouver dépouillé de ta « vieille peau » (pardon pour l'expression, elle n'est pas si vieille que ça !), de quitter ta chrysalide, de muer comme le serpent – à qui tu ressembles par certains côtés ! – ? mais tu aurais une peau toute neuve, toute brillante, tu deviendrais un papillon chatoyant et diapré ! Tu refuses toute cette beauté ?

Tu ne pourras pas rester toujours dans tes ténèbres... Il faut que tu portes un témoignage éclatant, éblouissant, mais pour ce faire, il faut que tu deviennes toi-même resplendissant !

Encore de belles phrases, diras-tu, mais elles sont dictées par notre immense tendresse pour toi, par l'amour infini de Pascale.

À bientôt, Jean-Paul, nous veillons sur toi, quoi que tu en penses, moi, je peux te le certifier, sinon, pourquoi ces messages ?

ISABELLE.

Tu es obsédé par la mort,
mais la mort c'est la vie, la vraie vie, la vraie naissance,
ce n'est plus la nuit : c'est le jour !
ce ne sont plus les ténèbres : c'est l'azur !
ce n'est plus l'ombre : c'est la lumière !
ce n'est plus l'hiver : c'est le printemps !
ce n'est plus la tristesse : c'est la joie !

Le 14 juin 1991.

(Salut, ma petite-mère-cafardeuse ! ne t'inquiète pas : demain sera un autre jour. Je te connais, tu remontes vite la pente.)

Alors, mon ami Jean-Paul, tu ne veux plus de mes messages ? Ils te perturbent ? Ils te dérangent ? Ils ne sont pas assez explicites ? Ou peut-être le sont-ils trop ? Mais, tu sais, les messages sont une « manne des dieux », maman ne peut pas, à son gré, fermer les vannes. Nous ne le voulons pas, nous avons eu tant de mal à accorder nos vibrations, sa mission n'est pas terminée, loin s'en faut !

Tu as tout à fait raison, tu es très intuitif et perspicace : c'est Pascale qui me « pousse » à communiquer, puisqu'elle ne peut t'avoir en direct. Il n'y a aucun blocage de notre côté, aucun interdit, simplement nous ne pouvons pas et ne devons pas tout vous « apporter sur un plateau ». Il faut que vous cherchiez, que vous creusiez pour trouver le trésor, sinon, où serait votre évolution ? Vous avez de plus en plus de signes, de plus en plus de preuves, l'ère du verseau s'amorce, avec ses bouleversements profonds. Je vous dis d'être attentifs au petit Axel, car c'est un enfant de la future génération du renouveau. Il y a ainsi, dans votre monde, de nombreux petits êtres de lumière, il y a des groupes qui naissent pour aider ceux qui sont encore dans le matérialisme profond, dans les ténèbres, mais il faut que chacun mette la main à la pâte ! Et toi, Jean-Paul, toi qui as écrit de si beaux textes sur la mort, sur l'Au-delà, toi qui as tant de créativité, tu ne peux pas ne pas devenir, toi aussi, un être de lumière, même si, encore, tu préfères l'ombre, l'obscur... Pascale te demande, te prie de porter un témoignage éclatant.

Nous savons le chemin parcouru depuis son départ, mais tu iras encore plus loin, tu verras avec le temps ! Tout s'éclairera et tu comprendras ! Ce n'est pas un hasard si l'azur te fascine ! (même si tu le fais rimer avec « obscur » !) Pascale est passée dans ta vie pour une raison précise, tu le comprends bien. Rien n'est fait pour rien ! Comme je suis venue dans la vie de maman, en particulier, pour la faire bouger, pour la remuer, pour la préparer à ce qui lui arrive maintenant (et pour moi aussi, terminer mon évolution dans votre monde) au prix de la souffrance, je sais, mais c'est souvent, le creuset indispensable de l'évolution. Certains réagissent très vite, d'autres plus lentement, mais ne jouez pas les tortues trop longtemps ! Les temps pressent. Il y a urgence ! La terre crie, la planète se convulse, et le monde, votre monde a besoin d'être sauvé. Il suffit d'une pensée positive de chacun pour créer une puissante énergie, d'une pensée ou d'un acte d'amour vrai pour que l'amour soit ! Mais si vous restez terrés dans vos coquilles, vous faillissez (?) à votre mission. Mais nous sommes là pour veiller sur vous, de tout notre amour pour vous, pour ce que nous savons être votre bien le plus précieux.

Pauvre maman ! elle est encore bien ennuyée de te transmettre ce message, mais je sais qu'elle le fera !

Nous t'aimons, Jean-Paul, j'espère que tu n'en doutes pas ! Pascale est près de toi, si près, si tu savais !...

ISABELLE.

Pourquoi ne pas essayer les enregistrements des voix vous-mêmes ? Vous ne risquez rien, vous êtes protégés, mais en prendrez-vous le temps ?

Le 28 juin 1991.

Alors, mon ami Jean-Paul, on « languit » – comme dirait maman ! – après les messages ? Je croyais que tu n'en voulais plus ?

Notre silence n'est pas signe que nous n'avons plus rien à te dire, au contraire ! Mais il faut que tu décantes toutes ces affirmations, que tu réfléchisses, que tu fasses le point... pour aller plus loin ! Car, tant que dure votre vie « sur terre », vous n'avez jamais fini, vous ne pouvez pas vous reposer sur vos lauriers. Si votre mission était terminée, vous ne seriez plus là ! Vous avez encore beaucoup de travail à accomplir, les uns et les autres. Je parle, bien sûr, du travail spirituel, car le travail tu le connais bien, Jean-Paul, pour t'y plonger, t'y noyer dedans, ce travail là est important, mais pas suffisant. C'est le travail de l'âme qui, seul, compte quand on est de l'autre côté et qu'on fait le bilan ! Tu disais à maman que Brassens se moquait bien maintenant de tout ce qui se passait autour de son nom et de son souvenir. Dans votre monde, il n'a jamais été friand de gloire et d'honneurs. Il s'est trouvé propulsé presque contre son gré. Alors, maintenant, c'est encore plus fort : ce qui le touche, c'est la fidélité du souvenir, l'amitié, les sentiments vrais de ceux qui l'honorent, les copains d'abord !

Car, tu sais, Jean-Paul, pour peu qu'on accepte l'amour qui nous aide à évoluer, on se désintéresse totalement de ce qui nous paraissait si important, surtout sur le plan matériel ! On laisse tout au vestiaire, y compris ce qu'on a dans les poches ! Voilà pourquoi il vous faut travailler à vous détacher de tout ce qui est faux-semblants, gloire éphémère, vanité, égoïsme et essayer d'aller vers l'essentiel. Je sais que c'est difficile, surtout dans votre monde actuel, en pleine effervescence, en plein bouillonnement. Il faut garder le bon cap, contre vents et marées, trier le bon grain de l'ivraie, essayer de voir avec le regard du cœur, de l'âme. Pascale l'avait bien compris et vivait déjà de cette façon, mais d'une façon incomplète. Maintenant, elle est dans la plénitude totale, absolue et elle veut t'y entraîner, car elle connaît ta richesse intérieure, elle connaît tes peurs et tes doutes, elle veut te rassurer, t'insuffler son énergie d'amour.

Puisque tu as ce message en priorité, rassure Gisèle, sa maman elle n'a rien à se reprocher, elle ne doit pas se culpabiliser, Pascale est tout amour pour elle. Les sentiments tristes nous attristent, alors répète-lui que Pascale est infiniment heureuse et aimante, elle ne lui veut que de l'amour et de la tendresse, ainsi qu'à toi, Jean-Paul.

De par cet amour, vous êtes super-protégés ! Maman le sent bien, même si elle ne va pas assez vite, à mon goût. Nous sommes exigeants pour vous, pour hâter votre évolution, car, je le redis avec force : il y a urgence !

Et vous, les « élus », vous ne pouvez pas vous permettre de freiner vous avez été choisis et ce choix est vital pour l'humanité tout entière. Croyez-moi, la « récompense » qui vous attend en vaut la peine !

Nous vous embrassons, nous vous aimons, nous vous protégeons, nous vous guidons... laissez-vous faire !

ISABELLE.

Ne t'angoisse pas pour le futur, ne *vous* angoissez pas. Tout vient au bon moment, en temps et heure voulus. Soyez confiants !

Le 23 juillet 1991.

Ma pauvre petite maman, toute triste ! C'est une nouvelle épreuve, même si tu t'y préparais. Le départ de Founette [1] va vous créer un autre grand vide, mais tu sais qu'elle est près de moi, nos retrouvailles d'âme à âme sont fabuleuses, même si nous ne nous étions jamais quittées. Elle me voyait, elle me sentait, elle m'entendait, elle me percevait. Mais, maintenant, nous nous sommes totalement retrouvées et nous veillerons encore plus sur vous. Jean-Paul a raison, maman, les petits chats cherchent à te consoler. Regarde leur insistance depuis votre retour. Ils sont bons médiums et sentent ton chagrin. Laissez-les envahir la maison, Founette n'en est plus jalouse ! Papa « râle » pour la forme, mais je sais que, petit à petit, il les acceptera.

Tu as mis des fleurs sur la tombe de Founette, c'est un réflexe normal, mais tu sais très bien qu'il n'y a que son corps. Son âme est ailleurs, un ailleurs magnifique.

Je sais que vous avez hâte que votre tour arrive, mais que vous craignez la souffrance et la maladie. Avec ce que vous savez, avec ce que vous croyez, avec notre aide, tout vous sera adouci. Dis à Jean-Paul qu'il ne s'inquiète pas, nous serons là pour vous aider. Mais l'heure n'est pas encore venue, vosu avez encore du « travail » dans ce monde. Es-tu toujours perturbé, Jean-Paul, par la teneur de mes messages ? Je pense que non, tu as cheminé tout doucement, bon gré, mal gré. Tu as eu un nouveau message de Pascale, tu ne doutes plus. Le scorpion est capable de se régénérer

1. La chienne d'Isabelle.

totalement, de renaître, tel le phénix, de ses cendres. Tu trouvais mes messages vagues, imprécis (mais je peux être précise quand c'est nécessaire !) mais toi, tu as dépassé ce stade des premières questions, des premières découvertes. Nous voulions, Pascale et moi, que tu fasses, un travail sur toi-même, que cette épreuve soit le départ d'une nouvelle création, d'un jaillissement plus profond. Tu l'as amorcé avec ton recueil de poèmes, mais le plus beau fleuron sera le livre sur Pascale, elle t'aidera de tout son soutien, de tout son amour. Ce sera le début d'une nouvelle aventure, plus riche, plus profonde, plus vraie. Oui, tu as changé, même si tu ne t'en rends pas compte totalement. Les gens qui t'aiment s'en aperçoivent, dans les deux mondes.

Tu vois, le « dérapage » ! Le message était pour maman, du moins le croyait-elle, et, inéluctablement, il se dirige vers toi. Beaucoup de personnes t'envient ce privilège, maman voudrait pouvoir favoriser tout le monde, mais c'est toi, le privilégié ! Il y a bien une raison, ne crois-tu pas ?

Le fil n'est pas rompu, maman avait raison de faire le vide, pour reprendre le flambeau. Sa mission est lourde, parfois, mais je l'aide aussi, de toutes mes forces.

Nous vous englobons dans notre infinie tendresse. Nous vous aimons. Nous sommes avec vous. Vous ne serez plus jamais seuls.

Courage, ma petite mère ! Foufou t'envoie plein de câlins.

Pascale t'aime Jean-Paul, tu le sais, tu n'en doutes plus.

ISABELLE.

Nous avons franchi le Rubicon avant vous et nous vous préparons des retrouvailles splendides, mais seulement quand votre tâche sera finie.

Haut les cœurs !

Le 25 juillet 1991.

Allons maman, je n'aime pas te sentir ainsi profondément triste. C'est un mauvais passage, dû au départ de Founette, à ta solitude forcée, au temps... Il faut absolument que tu trouves un dérivatif pour le mois qui vient. Je sais que tu n'aimes plus les vacances, mais il te faut reprendre des forces. Je veux une maman gaie, joyeuse. Je vais t'aider à retrouver ton amour de la vie. Tu n'as pas beaucoup vu Jean-Paul, mais tu sais bien qu'il est le « petit lapin blanc » toujours pressé ! Il t'a semblé mieux. Ses bonnes résolutions tiendront-elles ? Nous le souhaitons de toute notre âme ! Vous n'êtes pas des saints, vous n'avez pas à vivre en moine ou en « bonne sœur » (terme qui te chagrine depuis que tu connais le Thil) il vous faut trouver votre équilibre dans le bien, dans le toujours mieux, dans la *véritable* simplicité, dans le détachement, dans la pureté, dans l'honnêteté, dans l'amour. Vous ne viendrez nous rejoindre que les mains nues, l'âme nue. Il faut arriver à vous dépouiller de tous ces oripeaux qui ne sont que leurre et clinquant.

La véritable re-connaissance sera de l'autre côté du miroir, du miroir de la vraie vie, pas le « miroir aux alouettes » ! Vous avez encore du chemin à parcourir, mais nous guidons vos pas, nous vous tenons par la main, ce n'est pas pour rien que nous sommes parties les premières. Nous avons la meilleure place mais nous vous préparons la vôtre, avec votre participation, bien entendu !

Tu as beaucoup de projets, Jean-Paul. C'est bien, tu seras toujours un homme occupé, tes nouveaux contes seront très appréciés, mais nous attendons surtout le livre sur Pascale et tes nouvelles conceptions de l'Au-delà qu'il te faudra claironner. Tu as dit beaucoup de vérités dans *La Neuvième Heure*, mais, si tu la réécrivais maintenant, que changerais-tu ? Puisque toi, tu n'es plus le même !

Pourquoi trouves-tu mes messages plus beaux ? Parce que, toi, tu as amorcé un changement ? As-tu peur que la source se tarisse ? Ne t'inquiète pas, tant que nous aurons à te parler, nous le ferons ! Ne pense pas que maman soit influencée par les uns et les autres ! Elle n'est que réceptivité, écoute, elle ne provoque jamais. Quand elle est trop fatiguée ou qu'elle a besoin de récupérer, il y a un flou, mais c'est passager. Le moment venu, je te demanderai, en toute tendresse, de l'aider pour son nouveau livre. Elle n'a pas choisi tout ce qui lui arrive depuis mon départ, nous lui demandons beaucoup, parce que ce témoignage de l'après-vie est important, mais elle se sent souvent isolée, même si des progrès sont certains, le domaine de l'invisible est encore, souvent, dans les limbes. Voilà pourquoi il faut de plus en plus de témoignages – n'est-ce pas, Jean-Paul ? La France, ce beau pays, est vraiment à l'arrière-garde et s'abrite désespérément derrière son vieux cartésianisme, son rationalisme (?) des portes s'entrebâillent, mais c'est à vous à les ouvrir et à laisser pénétrer dans cette obscurantisme, la lumière et la chaleur du rayonnement de notre nouvelle vie. La France est frileuse, il faut la réchauffer ! Si vous vous unissez, tous les maillons de la-chaîne-qui-« sait », vous y parviendrez. Nous mettons toutes nos forces avec vous ! Surtout, soyez confiants. Nous vous protégeons !

Quand tu seras dans ta si belle île[1], Jean-Paul, Pascale t'y accompagnera. Moi aussi, de temps en temps, car j'y suis allée toute petite (et revenue depuis !)

Nous vous embrassons dans un même élan.

ISABELLE.

Nous travaillons et en même temps, nous sommes éternellement en vacances, dans des endroits paradisiaques. C'est fabuleux, ce privilège !...

(Bonne fête, maman !)

Le 24 août 1991.

Allons, maman, ne t'inquiète pas pour ton état actuel. Tu sais que le mois d'août, ainsi conçu, ne te réussit pas. Mais, à l'image de ce goëland, tu vas reprendre ton envol. Ces creux de vagues sont parfois nécessaires pour faire le point, pour te décharger de toutes ces tensions, pour te laisser un peu aller avant de repartir. Je suis là, ne l'oublie pas, je t'entends, je te devine, je t'aide, je t'aime et Foufou est auprès de moi, maintenant.

Pour Jean-paul, nous pensons qu'il est (presque) prêt. Nous attendons avec beaucoup d'impatience son livre sur Pascale... Son dernier conte est très beau : toute la vie dans l'Au-delà y est

1. Jean-Paul est corse.

dépeinte[1], mais son témoignage sera beaucoup plus important parce que, là, c'est lui qui parlera sans s'abriter derrière un conte ou un pseudonyme. N'est-ce pas Jean-Paul ? Avec toutes ces preuves, tous ces signes, tu ne peux plus douter ! Ce livre sera le joyau de ta collection, alors ne tarde pas trop. Nous sommes tellement heureuses de ton cheminement ! Depuis que tu nous connais, maman et moi, tu as beaucoup changé. Je ne suis que le porte-parole de Pascale et maman transmet, mais tu avais besoin de tous ces contacts. Pardonne-moi si je t'ai bousculé, perturbé, mais c'était nécessaire.

Quand tu voleras de tes propres ailes, nous nous dirons « au revoir », mais nous serons toujours là si tu as besoin de nous, le fil ne se rompra pas (même s'il y a des interludes !). Tu avances sur le chemin de la connaissance et tu feras des pas de géant !

Ce séjour dans les Landes t'aidera aussi à mieux comprendre, à mieux appréhender Pascale. Tu la connais sûrement mieux que lorsqu'elle partageait ta vie...

Elle t'aime, tu sais, de quel amour ! un amour maintenant dépouillé de toute inquiétude, de toute souffrance, de tout regret, un amour immense, sublimé, magnifié, un amour rayonnant que tu ne peux pas ne pas percevoir, tout au fond de toi !

Il ne faut pas vous appesantir sur les hiatus, sur les divergences des gens qui devraient être unis dans les messages de vie et de lumière. C'est regrettable, mais c'est humain... Il faut aller de l'avant et porter votre témoignage, avec force, limpidité, authenticité et simplicité. Nous vous y aidons de toutes nos forces vives. Ne craignez rien, vous êtes super-protégés !

Nous vous aimons.

ISABELLE.

1. *Petit Roi*, Éditions « Le Mot de Passe ».

Le 13 septembre 1991.

Bonsoir, ami Jean-Paul ne t'inquiète pas, nous ne t'abandonnons pas, nous ne jouons pas à cache-cache, nous sommes omniprésentes, nous veillons toujours avec amour sur toi, mais, si nous nous faisons discrètes, c'est que, maintenant, c'est à toi de jouer ! Tu ne doutes plus, tu as eu une multitude de preuves (oui, oui... une multitude, par rapport à certains qui n'ont rien et qui en voudraient tant, même une toute petite !) Il faut te mettre au travail. J'entends par là, te lancer dans le livre sur Pascale. C'est ce que nous attendons, je le redis, avec impatience, car ton témoignage sera terriblement important ! Tout ce que tu écris est très beau (merci de nous avoir associées, maman et moi, à ce poème de lumière), mais le livre sur Pascale sera mille fois plus précieux, plus touchant, plus engagé. Les retombées ne seront que positives, tu accèderas à un autre milieu, tu toucheras plus de monde. Tu fais et tu feras partie des « choisis », des « élus ». Toi, qui te baptises sombre corbeau, tu voleras plus haut dans cet azur qui te séduit tant, et ne crains rien, tu ne seras pas aveuglé, au contraire, la lumière nouvelle te sera douce, chaleureuse, bénéfique, rayonnante, épanouissante. Nous pouvons te le certifier.

Il faut des creux de vagues, pour apprécier enfin l'oxygène et la liberté. Ce sont des moments douloureux, mais nécessaires. Comme tu le dis dans tes poèmes, quand tout va bien, on ne se pose pas de questions : on ronronne dans sa routine et sa quiétude, on ne veut surtout pas voir plus loin que le bout de son nez... Alors, il faut des secousses ! Elles sont dures, je sais, mais vous êtes en mesure de les supporter. De cette ombre provisoire jaillit l'étincelle qui deviendra lumière. Tu as tout écrit, tout dit, mais le message sera plus écouté, plus enraciné, plus ancré par le livre sur Pascale. Il touchera le cœur, l'âme et non seulement la sensibilité, l'émotivité... ce sera un diamant pur !

Alors, ne tarde pas trop, Jean-Paul, Pascale attend, avec une infinie patience, mais elle attend ! Moi, je suis le papillon qui volette entre Pascale, maman et toi...

Courage, mon ami, nous t'aidons et Pascale te suit avec une constance, un amour infinis.

ISABELLE.

Admirez la beauté, les couleurs de l'automne, et ne soyez pas tristes, le printemps reviendra !

Le 2 octobre 1991.

Bonsoir, maman. Bonsoir, Jean-Paul ! Alors, on s'inquiète ? On a peur que le fil soit rompu ? Mais ne vous faites donc pas de souci... nous sommes toujours là, Pascale et moi, vigilantes et présentes, mais comme je te l'ai dit, Jean-Paul, il te faut, maintenant, prendre ton envol. Le « noir corbeau » doit s'élever vers les cimes enneigées, vers l'azur triomphant. Nous t'avons tout dit, enfin tout ce qui pouvait être nécessaire à ton cheminement. Notre rôle est, maintenant, de te soutenir, de pousser, d'attirer tes ailes vers le haut, de te sortir des profondeurs de tes ténèbres, mais notre aide ne sera pas forcément visible ou lisible. Tu n'as plus besoin de tous ces messages écrits, c'était une béquille pour t'aider à te relever. Nous ne rompons pas les attaches, loin s'en faut, mais tu n'auras plus de messages aussi ponctuels, aussi répétés, car ce ne seraient que des redites, des répétitions. Tu es mûr, actuellement, pour la tâche qui t'attend : le livre sur Pascale. Tu recules l'échéance, mais tu y arriveras, car il doit se faire... Tu sentiras le déclic au moment voulu (comme maman qui a tant « paressé » pour le sien) tout te sera facilité, car nous t'aiderons mais il faut que, toi aussi, tu t'aides. Il te paraît un peu insurmontable, en ce moment, mais tu le surmonteras et tu seras, après, tellement libéré, tellement apaisé ! C'est un autre cap à franchir, mais il sera pacificateur, libérateur, je le redis et ton témoignage sera très important... Les temps pressent, le monde a besoin de ces témoignages, de cette « toile de lumière » pour vaincre l'obscurité, les ténèbres qui l'envahissent de plus en plus. Vous êtes chargés d'une mission terriblement importante. Vous pouvez la refuser, vous avez toujours le choix, mais, vu ce que vous savez, tout sera à recommencer !

Les écailles sont tombées de vos yeux, vos oreilles se sont débouchées, vous êtes en train d'abandonner votre « vieille peau » pour une autre, tellement plus solide, plus fiable, plus lumineuse, plus vraie... Mais ne muez pas trop longtemps !

Votre évolution doit continuer, encore et encore... Mais quand vous serez de « notre côté », quelle joie, quel éblouissement, quelle gratitude seront les vôtres ! Et nous serons là pour vous les faire partager.

Alors, courage ! Ne vous laissez pas abattre. La vérité est au bout du chemin.

Jean-Paul, n'oublie pas que tu es super-protégé, aimé, entouré d'une tendresse merveilleuse... je peux te le certifier. Me crois-tu ?

Pascale t'embrasse de tout son amour. Ton nouvel « ange gardien » te protège de toute sa lumière. N'aie plus peur de l'obscur... À une autre fois !

ISABELLE.

Mon « au revoir » n'était pas définitif, mais maman a bien perçu sa signification... soyez confiants !

Le 5 octobre 1991, minuit.

Bonsoir, maman, cette journée a été fertile, ce sont des jalons pour ce qui t'attend, car ta mission est loin d'être terminée. La mienne non plus – et pour toi et pour Jean-Paul – Eh ! oui, Jean-Paul, il me faut te secouer, à nouveau. Tes états d'âme et ton comportement nous obligent à une vigilance accrue. Est-ce ta façon de provoquer de nouveaux messages, de quémander de nouvelles preuves ? As-tu besoin encore de ces preuves ou est-ce un prétexte pour retarder la réalisation du livre sur Pascale ? Même si tu accumules une foultitude de ces preuves, il y aura toujours des sceptiques pour les réfuter ou les refuser. Tu es prêt, maintenant, ne te retranche pas derrière de faux prétextes, il faut te mettre à l'œuvre. Il faut te « mouiller ». Tu en as les moyens, tu as tous les atouts et, comme je protège maman, Pascale te protège. Tu n'as rien à craindre. Ta crédibilité sera totale. Fais-nous confiance. Il faut te jeter à l'eau, tu verras comme ta récompense sera belle, les répercussions importantes... Nous sommes très impatientes, Pascale et moi, non pour nous, mais pour l'immense répercussion de ce livre, je le répète. Si tu continues à louvoyer, à chercher de (faux) prétextes, ce n'est pas honnête. Excuse ma franchise, mais tu as toutes les données en main n'aie pas peur de t'y mettre, nous t'aiderons, je te l'ai promis... (ce serait bien qu'il sorte en même temps que celui de maman, car ils sont complémentaires !) et, je le redis, tu te sentiras infiniment libéré par rapport à beaucoup de choses.

Tout le monde t'envie pour notre correspondance privilégiée, mais elle a un but et il faut que les gens le sachent. Pourquoi toi ? Parce que tu as été choisi, élu pour transmettre ce témoignage important. Des preuves, tu pourras en réclamer encore et encore tant que tu ne voudras pas te décider à te lancer dans la grande aventure, mais c'est un leurre et tu le sais bien....

Tu gagneras un temps précieux et vital pour ton évolution dans cette vie et dans l'autre... Peut-être préfères-tu stagner ? Mais tu ne le peux plus ! Avec tes connaissances, tes perceptions nouvelles tu ne peux qu'évoluer... Ça, c'est personnel, mais ton témoignage est public et c'est un grande responsabilité que tu ne peux éluder...

Nous te pressons, nous te pressons, car, toi, l'homme pressé, tu te presses pour des choses beaucoup moins vitales.

Maman est toujours disponible, si tu as besoin de son aide. Tu est sa priorité, car nous le lui demandons. Elle l'accepte avec joie, car elle a une grande tendresse pour toi...

Elle était désolée de ne plus avoir de messages pour toi, mais comme je te l'ai dit dans le message précédent, nous sentirons s'il y a urgence ou pas.

L'urgence c'est ton livre.

Prends confiance en toi, laisse-toi aller et tout ira bien... Lâche prise !

Pascale t'en prie, de toutes ses forces, de tout son amour.

Moi, je te le demande, de toute ma tendresse, mon amitié.

Te feras-tu prier longtemps ?

La Fiancée des Cieux (?) sera une merveille, un pur rayonnement, un joyaux étincelant...

Alors, au travail, ami Jean-Paul.

Toute notre protection t'accompagne et notre force te protège.

ISABELLE.

Surtout, ne me garde pas rancune pour ma vivacité, mon franc-parler. Crois bien que c'est uniquement pour ton bien. Nous t'aimons, Jean-Paul.

Le 18 octobre 1991.

Bonsoir, maman. Bonsoir, Jean-Paul, tu vois, tu n'es pas abandonné ! Je me fais discrète, par nécessité pour toi. Nous veillons, nous surveillons, nous guidons, nous inspirons, mais nous n'avons plus à te « porter », comme au début. Pascale se manifeste à travers tes rêves : non, elle n'est pas fâchée, nous ne connaissons plus les sentiments de colère, d'envie, de peur, mais elle a hâte, c'est vrai, que tu te mettes à son livre.

J'ai bousculé maman pour le sien, Pascale te presse, à son tour... Ce témoignage sera très important, je te l'ai dit, et le temps est venu... Le monde a besoin de ces expériences, le monde a faim et soif de spiritualité, de croyances solides, de valeurs. Il est fort attristant que ceux qui ont la faveur et le privilège de témoigner de l'après-vie, le fassent dans un climat de guerre personnelle, d'intolérance et de non-respect de l'autre... Vous savez à quoi je fais allusion ! Alors que vous, les initiés, les élus, vous devriez vous serrer les coudes, vous souder comme les maillons de la chaîne de lumière que vous êtes censés être... Les pièges de l'argent, de la gloire, de l'ego sont toujours là... Il y a beaucoup de travail à accomplir... Alors, pressez-vous ! Et ne vous laissez pas prendre dans ce miroir aux alouettes, dans cette illusion factice, puérile que, seuls, vous détenez LA vérité ! Il faut rester humble et, je le répète, tolérant. Il faut vous entraider, sinon comment voulez-vous que « ça » bouge ? Je prêche des convertis, ce n'est pas à vous deux que je m'adresse, mais à tous ceux qui se prennent tant au sérieux et qui manquent terriblement d'objectivité et de simplicité, bref, qui ne sont plus crédibles. Nous en sommes très attristés, dans notre monde, alors nous mettons les bouchées doubles et nous vous « relançons » de tout notre amour, pour que vous vous dépêchiez de transmettre à votre tour dans l'authenticité, la sincérité, la pureté, la transparence, la lumière. Nous vous y aidons autant que nous le pouvons.

Alors, Jean-Paul, ne tarde pas trop. Nous savons que tu es très sollicité, mais il y a des priorités !

Pascale t'entoure de son amour fabuleux, de sa tendresse décantée. Si tu savais comme elle est présente !

Nous nous adorons... et nous vous adorons.

Courage... Tu verras comme tu seras « récompensé » !

Nous vous embrassons de toute notre âme.

ISABELLE.

Vous rendez-vous compte de l'immense chemin parcouru en un an ? Pour nous, le temps est intemporel, mais pour vous, c'est tellement important, non ?

27 octobre 1991.

Chère Isabelle,

Un peu plus d'un an a passé depuis ton premier message. Je les ai tous relus. Je me suis imprégné de tant de bonté, de lumière et d'espoir que doucement le doute s'est éclipsé. Je crois sincèrement que la mort est une passerelle. Le seuil étroit entre le clair-obscur de notre monde et votre lumière. Bien sûr des questions subsistent. Il ne peut en être autrement. L'essentiel est un acte de foi. Ouvrir enfin son esprit à cette merveilleuse certitude : la vie ne cesse pas. Nous changeons de sphère, tout simplement.

Je vous suis reconnaissant, au plus profond de mon être, à toutes les deux, (à toutes les trois devrais-je dire, car ta maman a été souvent malmenée par mes doutes). Merci de tant de patience. Votre amour a fait grandir mon amour. Il ne peut y avoir d'amour sans preuve d'amour, et, sur cette terre d'épreuves, votre amour a vaincu le désespoir et ses silences.

Jean-Paul SERMONTE.

Ta lettre est merveilleuse, Jean-Paul. Quel chemin parcouru ! Il ne faut jamais se décourager. Pour nous, c'est facile, nous avons tant de forces vives et, si telle est notre mission, nous devons l'accomplir. Mais nous le faisons avec un tel amour, dans une joie immense. Tu as compris, avec le recul, le but profond de tous ces messages. Ton témoignage est important, déjà dans ce livre, et encore plus dans le tien... (oui, oui, nous l'attendons !). Si tu savais le bonheur de Pascale de voir le trajet, le changement en profondeur effectués depuis son départ. Et ce n'est pas fini ! Tu as eu, il est vrai, de solides béquilles pour t'aider, au départ. Maintenant, tu n'en as plus vraiment besoin. Et puis, nous sommes là, tu le sais, toujours présentes et aimantes, toujours prêtes à te secourir. Ce magnifique privilège que tu as reçu, il ne faut pas le garder égoïstement pour toi, tu l'as bien compris. Il t'a été donné pour qu'à ton tour, à travers tes livres, tes poèmes, et surtout le livre sur Pascale, tu transmettes la lumière de tes convictions nouvelles, que tu avais déjà, mais que tu avais occultées depuis le départ de Pascale. Étayées par les preuves que tu as reçues, elles auront d'énormes répercussions, que tu ne peux pas soupçonner. Toi aussi, tu dois éclairer tous ceux qui sont dans les ténèbres. Tu deviens, à ton tour, un témoin de la vie après la vie, de notre merveilleuse réalité. Pascale t'aime et te soutient. Ce long travail de mûrissement que nous avons fait ensemble, grâce à maman, est fabuleux. Alors, haut les cœurs ! Nous vous aimons !

ISABELLE.

Cette phrase : « Votre amour a vaincu le désespoir et ses silences » est un cadeau sans prix pour nous... L'amour toujours l'amour ! c'est le secret de tout !

Conclusion

L'aventure continue ! Je n'ai pas pu inclure tous les messages dans ce livre.

Là encore, je me suis imposé une sélection.

Ce nouveau témoignage n'a qu'un but : essayer d'apporter un peu de réconfort à ceux qui vivent la douloureuse épreuve de « perdre » un être cher, et aussi, à tous ceux qui sont en quête d'un sens plus profond de la vie !...

Car les choses visibles ne sont que pour un temps,
mais les invisibles sont éternelles.

Saint Paul.

Annexe

Textes poétiques de Jean-Paul Sermonte dédiés à Isabelle et Pascale [1]

1. Publié avec l'aimable autorisation des Éditions « Le Mot de Passe » à Vitry-sur-Seine.

LA LUMIÈRE

À Anne-Marie et Isabelle Lionnet.

Et la voix lui dit : « tu toucheras
Du doigt le cœur du désespoir
Quand tu n'auras plus de cris plus de larmes
Plus de colère, quand ton âme rebelle
Aura déposé les armes
Sur l'autel de l'intemporel
Alors la lumière entrera en toi
Elle entrera comme une mariée dans une maison neuve
Cette lumière belle à te faire mal, belle
Et douloureuse comme aux yeux de l'aveugle
Qui voit pour la première fois
Et qui demande « où est-Il pour que je le remercie ?
Je ne sais rien de Lui mais je sais qu'Il m'a guéri »
Alors tu comprendras
Tu deviendras lumière toi aussi
À ton tour tu diras au passant qui pleure :
« Va et touche du doigt le cœur du désespoir
L'azur s'est vêtu des cendres noires
De la nuit, pour te paraître à l'aurore
    Plus lumineux encore ».

(*Passerelle d'Émaux.*)

POÈME POUR PASCALE

C'était un treize mai dans la rue aux Ours à Paris
Le vent enluminé de pluie s'était apaisé
Blottis sous la porte cochère d'un immeuble gris
Je t'avais dérobé en riant, notre premier baiser.
De ce premier baiser volé comme on vole une offrande
Au dernier baiser du dernier rendez-vous
Dans cette petite maison des Landes
Trois ans ont passé mon amour trois ans
Et mon cœur trop lucide pour être complaisant
Se les rappelle et pleure comme un vieil amant fou
Comme un vieux conteur ressasse ses légendes.

Il y a tant de mots tant d'images qui subsistent
Je t'aimais mal et pourtant j'étais amoureux
Je me souviens un jour avec un petit air triste
Tu m'as dit « toi tu n'es pas doué pour rendre les gens heureux »
Puis tu as ajouté dans un souffle, pour toi-même :
« Dieu est-ce possible d'aimer comme je t'aime ? »
Comme au fond d'un puits on jette une flamme
L'azur de ton regard se perdait dans mon âme
Pourtant pourtant que de confessions que de fous rires
Parmi la foule des anonymes s'embrassaient nos sourires
J'aurais aimé te ressembler si j'avais été femme.

Nous parlions de la mort comme d'un pays nouveau
Le monde te blessait de ses blessures immondes
Ton royaume était un jardin de musique de danse de poésie

Tu fuyais tout de qui te semblait superficiel et faux
Tu rêvais les yeux grands ouverts d'un autre monde
Que tu ne connaissais pas et dont tu gardais la nostalgie.

Ce monde aujourd'hui tu l'as rejoint
Pour te survivre je me souviens
Des instants où nos deux cœurs apaisés
Devenaient des amis qui se parlaient d'amour.
Où les mots semblaient se taire pour toujours
Étouffés par la soie de nos baisers
Au moins nous n'aurons pas vécu de ces amours
Qui flétrissent au vent du quotidien.

La mort est sans remords.
La solitude nous grandit ou nous tue
Je meurs de t'avoir aimée si mal et de t'aimer si fort
Je meurs de perdre le souvenir d'une voix qui s'est tue
Qui se perd lentement dans les flots
Opaques du temps. Il ne demeure plus
Que le silence froissé de nos sanglots
Mais que restera-t-il mon amour
Quand les sanglots se tairont à leur tour ?

Il fait jour doucement sur Paris
Tristesse évanescente douce houppelande
D'un brouillard bleu-gris
Je pense à ce petit village des Landes
À ta maison et près de l'église ce cimetière
Mais pourquoi parler de cimetière ?
Les cimetières ne sont que des cimetières

Dans ce lieu, ceux qui restent se prennent en pitié
Ai-je besoin d'y aller pour ne pas t'oublier ?
Vous n'y êtes pas, vous êtes ailleurs, vous êtes là-bas
Là-bas... comment est-ce là-bas, mon amour ?
Tu me demandais souvent : « ce pays existe-t-il ? »
Tu le découvres à présent ce pays qui est aussi mon pays
Partout ailleurs ici-bas moi aussi je me sens en exil.

Ton absence est un acide, une violence
Qui me parle de plénitude
Pour t'entendre je dois apprendre le chiffre du silence
Je dois apprendre à fermer mon regard pour t'apercevoir
Quand tu viens à pas de rêve dans mes nuits de solitude
Pour abolir les règnes de mon désespoir
Tu me manques comme les baisers
De la pluie manquent au désert
Tu me manques comme je ne pourrai jamais
L'écrire dans mille poèmes
L'étonnement bleu de tes yeux de chat siamois
Ta voix jeune lyre qui disait dans un souffle
« Dieu est-il possible d'aimer comme j'aime
Est-il possible Dieu d'aimer sans que l'on souffre ? »

Ces questions mon amour, à mon tour
Je les murmure je les crie
Au ciel chaque jour...

Le silence doucement descend sur Paris.

(*Passerelle d'Émaux.*)

CHEZ ANNE-MARIE

Deux petites fées
Nous ont rendu visite
Chez Anne-Marie Lionnet
Deux petites fées
Invisibles.
Dans le silence défroissé
Je les entendais chuchoter
Et rire derrière des bouquets
De fleurs séchées.
Je peux vous le dire, je le sais
Près de moi l'une s'est approchée
Sur mon front a déposé un baiser
Puis doucement, tendrement
A murmuré « Je t'aime Jean-Paul »
L'autre fée a mis les bras autour des épaules
D'Anne-Marie et a dit : « Je t'aime maman. »

J.-P.S.
Mardi 5 février 1991, 12 h 15.

ISABELLE

Isabelle tu ne reposes pas tu ris
De ton rire lumineux d'enfant
Isabelle tu ne dors pas tu vis
Papillon qui s'enivre de vent

Papillon qui danse si près de nos âmes
Et qui rend le silence soyeux
Tu n'es pas absente petite flamme
Mais simplement à peine invisible à nos yeux

Papillon d'azur apprends nous chaque jour
À grandir dans le mot « Amour ».

14.10.90.

PETITE FIANCÉE DES CIEUX

À Monique Simonet.

Quand j'irai te rejoindre petite fiancée des cieux
J'habillerai mon âme de la couleur de tes yeux
Je laisserai à la terre ce qui doit mourir
L'herbe mauvaise qui a su si bien me nourrir
Mes doutes qui se vendaient à de fausses certitudes
Mes orgueils, amants de mes solitudes
Mes songes brûlants comme l'enfer,
La beauté perverse des vieux souvenirs
Les mensonges qui enivrent la conscience, les méandres
Des fastidieuses ambitions,
Je laisserai ces rêves de cendre
À la poussière des cimetières
Je laisserai à la terre
L'inutile bruyant et le bel éphémère
Tous ces jours où j'ai muré l'esprit dans la matière
Tous ces jours où je n'ai pas semé.
Tous ces jours où je n'ai pas aimé.

Je m'en irai vers toi petite fiancée d'azur
Sur les chemins de lumière, mes pas seront peu sûrs
Moins sûrs que par les chemins obscurs
Tu seras mon guide de peur que je ne tombe
Tu me souriras comme on sourit à un enfant.

En regardant une fois encore derrière moi
Je te dirai « je ne comprends pas
Pourquoi tous ces gens pleurent-ils sur ma tombe ?
Je suis avec toi et nous sommes vivants ».

(*Passerelle d'Émaux*.)

LA RIVIÈRE DU SILENCE

Nous sommes deux amants
Que sépare une rivière de silence
Chacun sur son bord chacun sur sa rive
Tu me vois je te devine
Tes mots se perdent dans les flots
Les miens ne sont plus que des sanglots

Nous sommes deux amants
Que sépare une rivière de silence
J'ignorais vois-tu que le silence
Pouvait parfois être si bruyant
Il me rend sourd
N'est-ce pas absurde ? Le silence me rend sourd
Comme la nuit m'aveugle intensément
Mes prières deviennent des galets si lourds
Qui roulent vers l'océan des grandes indifférences

Nous sommes deux amants
Que sépare une rivière de silence
Chacun sur son bord chacun sur sa rive
À ne plus savoir ni les nuits ni les jours
Mais ils ne se noient pas les mots qui dérivent
La rivière a une mémoire

Elle nous rendra tous les mots de notre amour
Nous ne sommes pas des naufragés nous sommes des amants
Nous avons un pays nous avons un port

L'aura dont se pare notre amour n'est pas noire
Elle est bleue et blanche. L'amour et l'espoir
Sont deux amants qui nous ressemblent
La rivière m'a privé de ton corps
Je lui en veux de ne pas nous avoir pris ensemble
Mais le corps, qu'importe le corps
Ce n'est qu'un petit segment dans l'éternité de l'amour

Dépasse la douleur mon cœur dépasse l'absence
Dépasse l'amour et tu atteindras l'amour

Au bout de ses bras qui se tendent
la nuit a des doigts brodés d'or
Sur les bords de la rivière
Où le silence devient lumière
Nous sommes deux enfants qui attendent...

Les passereaux ne volent qu'à l'aurore

(*Passerelle d'Émaux*.)

Pleure la mort
Comme on pleure pour un départ
Mais non comme on pleure la mort.
L'âme ne meurt jamais elle part
Et redevient un oiseau libre
Qui s'élance et vibre
Dans l'infini absolu.
Si tu l'aimes, qu'un désespoir insensé
Ne l'enchaîne plus
À cette terre où elle ne faisait que passer.
Pleure la mort
Comme on pleure pour un départ
Mais non comme on pleure la mort.

(*La Neuvième Heure*.)

LES MORTS

Les morts ne sont pas morts, les morts vivent encor
Leurs tombes sont vides n'enfermant que des corps
Certains ont choisi l'ombre, ils errent et ils souffrent
Attendant un appel pour sortir de leurs gouffres.
Les autres que l'amour a libérés d'eux-mêmes
Je les sais près de nous et je sais qu'ils nous aiment
Ne vous lamentez pas, ne pleurez pas sur eux
Dans la lumière du cosmos ils sont heureux.

Les morts ne sont pas morts ; ils sont nés à nouveau
Ils sont dans un jardin et non dans un tombeau
Dans cet ailleurs si proche ils nous voient, nous entendent
Ils ne nous oublient pas, je sais qu'ils nous attendent
L'ami attend l'ami, l'amante attend l'amant
Et le fils sa mère et la mère ses enfants
Ne vous lamentez pas, près du fleuve de vie
Ils oublient l'errance des âmes asservies.

Les morts ne sont pas morts, ils sont près de vous
Je sais des soirs troublants où ils viennent vers nous
Leur vie est un firmament ruisselant d'étoiles
Chaque étoile est une âme évadée de sa toile
Ils ont si soif encor d'un amour infini
Pensez à eux car la vraie tombe c'est l'oubli
Ne vous lamentez pas, les pleurs sont des prières
Mais vos douleurs en font des âmes prisonnières.

Les morts ne sont pas morts un soir ils me l'ont dit.

(*Le Lis et l'Ortie*.)

Table

CET OUVRAGE A ÉTÉ REPRODUIT
ET ACHEVÉ D'IMPRIMER SUR ROTO-PAGE
PAR L'IMPRIMERIE FLOCH À MAYENNE
EN DÉCEMBRE 1992

Éditions du Rocher
28, rue Comte-Félix-Gastaldi
Monaco

Dépôt légal : mars 1992.
N° d'Édition : CNE section commerce et industrie
Monaco 19023.
N° d'impression : 33408.
Imprimé en France